HISTOIRE
ANCIENNE,
OU
PREMIÈRE PARTIE
DE
L'HISTOIRE DES HOMMES.

Hist. Rom. Tome IX.

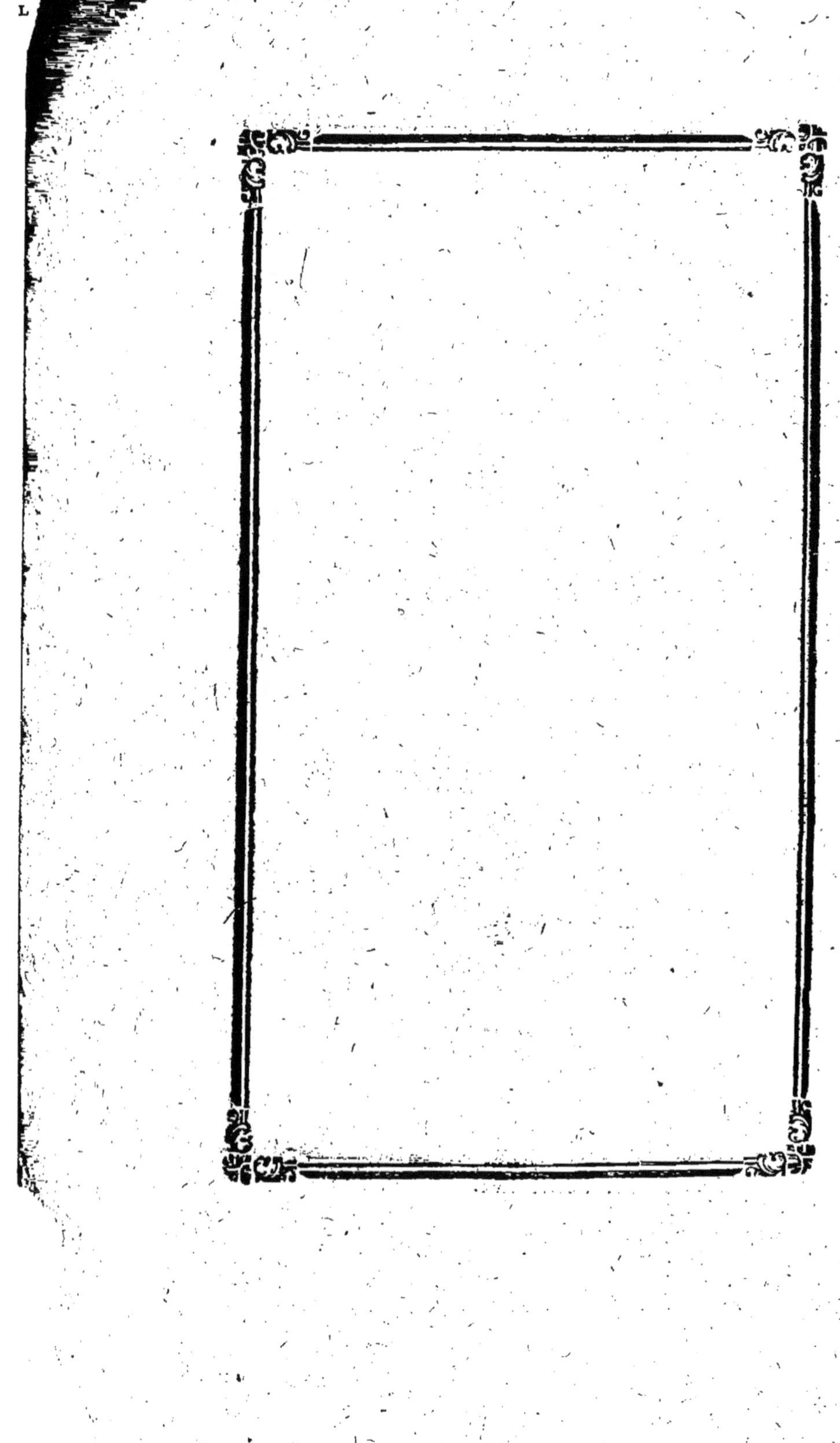

HISTOIRE DES HOMMES,

OU

HISTOIRE NOUVELLE DE TOUS LES PEUPLES DU MONDE.

PARTIE DE L'HISTOIRE ANCIENNE.

TOME XXXV.

A PARIS.

M. DCC. LXXXV.

Avec Approbation & Privilége du Roi.

SUITE
DE
L'HISTOIRE
DE
L'ANCIENNE ROME.

HISTOIRE
DES SIX PREMIERS CONSULATS DE MARIUS (a).

DEPUIS la fameuse conjuration des Gracques, tous les ambitieux connaiſ-

(a) *Plutarch.* in Mario. *Salluſt.* in bell. Jugurth. *Diod. Sicul.* in excerpt. Valeſ. *Tit.-Liv.* in Epitom. *Vell. Patercul.* lib. 2. *Cicer.* de legib. lib. 2. *Valer. Maxim.* lib. 6. *Flor.* lib. 3. *Oroſ.* lib. 5. *Aul. gell.* lib. 3. *Freinshem.* ſupplément.

ſaient le ſecret de la faibleſſe de Rome; il fallait, pour dominer, ou tourmenter la nobleſſe avec les loix Agraires, ou ſceller la cauſe de l'Ariſtocratie par l'eſclavage de la multitude. Plus on approche du règne des Céſars, plus on voit s'enfuir les vertus mâles & auſtères des premiers Héros de la Patrie : encore trop heureux ſi dans ce ſiècle de déſaſtres & de crimes, le génie vient quelquefois ennoblir les intrigues des Chefs de faction, & réchauffer ainſi, ſous le marbre de la tombe, la cendre de la République.

Marius eſt un de ces hommes à grands talents, qui pouvant être le Dieu tutélaire de ſes Concitoyens libres, aima mieux les partager en deux claſſes, celle de ſes victimes & celle de ſes eſclaves.

Ce Marius, que le grand rôle qu'il a joué ſur le premier théatre du monde, a rendu ſi célèbre, n'était qu'un ſoldat de fortune. L'Hiſtoire fait de ſon père, un Plébeyen obſcur, obligé de gagner ſa vie du travail de ſes mains : il naquit dans une petite ville d'Arpinum, qui fut auſſi la patrie de Cicéron : ce dernier s'honorait beaucoup d'avoir un tel Concitoyen, & quand il parlait dans ſes ouvrages de ſa Ville natale, il ne manquait pas de dire, avec ſa modeſtie ordinaire, qu'elle avait donné dans ſa perſonne & dans celle de Marius, deux ſauveurs à la République.

L'éducation de Marius fut très-négligée, & loin d'en rougir, il en tirait vanité; l'idée qu'il avait dompté la nature pour devenir un homme extraordinaire, flattait ſon orgueil; & en effet, il était bien plus aiſé à un fils de Paul Emile, qui avait eu Polybe pour inſtituteur, d'être l'oracle de ſon pays, après avoir renverſé Carthage, qu'à un payſan d'Arpinum, qui n'avait pour lui que ſon étoile & ſes ſervices, de ſe faire, pendant un grand nombre d'années, le Souverain d'une République.

Les lettres grecques étaient déjà, dans le premier âge de Marius, la baſe des connaiſſances Romaines. Le Citoyen d'Arpinum ne put jamais s'y faire initier : auſſi dans la ſuite, il affecta de dédaigner ce qu'il ignorait. Il trouvait, comme Caton l'ancien, une ſorte d'ignominie à adopter la langue & les arts d'un peuple qu'on avait ſubjugué. Heureuſement que ce ſophiſme de l'amour-propre n'égara pas Cicéron, ſon compatriote; car ce dernier n'ayant point les vertus guerrières du vainqueur de Jugurtha, Rome aurait compté ſon orateur de moins, au rang de ſes grands Hommes.

Marius ayant un fois affiché le plus grand mépris pour tout ce qui tenait au beau ſiècle d'Alexandre, n'oſa enſuite reculer, quand il vit Rome, s'éclairant par les arts, tenter de faire revivre Athènes. On remarque qu'à l'époque d'un de ſes triomphes, obligé par un uſage qu'il eût été dangereux d'abroger, de donner des ſpectacles à la manière des Grecs, il parut ſur le théatre; mais qu'après s'y être aſſis un moment, il ſe hâta d'en ſortir, comme s'il rougissait d'avoir du goût aux yeux de ses Concitoyens. Cette ignorance systématique, fit toujours de Marius un homme étranger à son siècle. Il lui manqua, comme Platon le disait à Xenocrate, de sacrifier aux graces : s'il les avait connues, il n'aurait pas pris de la barbarie pour de la fermeté, quand on lui confia pendant sept Consulats la destinée de cent millions d'hommes.

Marius fit ses premières campagnes au siège de Numance, sous le second Scipion l'Africain. Il combatit un jour, sous les yeux de son Général, un Espagnol qui l'avait défié, & le tua : le vainqueur de Carthage n'avait pas besoin de ce trait de bravoure pour démêler le Héros, au travers de l'extérieur agreste & sauvage de Marius ; personne ne connaissait les hommes comme lui, & ne savait mieux les employer ; il pressentit même la grandeur future du jeune Pâtre d'Arpinum, dans un temps où ce dernier ne pouvait étaler aux yeux de sa Patrie qu'un mérite de ſoldat : dans un repas donné au camp de Numance, un Officier qui voulait faire ſa cour à Scipion, paraiſſait inquièt de ſavoir quel ſerait le grand Capitaine que Rome nommerait un jour pour le remplacer : *Le voici, peut-être*, dit le Héros, en frappant doucement ſur l'épaule de Marius, & ce mot fut recueilli comme un oracle, par le jeune ambitieux, qui avait tant d'intérêt à le faire valoir.

Cependant le premier pas que fit Marius dans la carrière des honneurs fut caractériſé par une chûte : il avait demandé dans ſa ville natale d'Arpinum une charge municipale, & il eſſuya le refus le plus humiliant. Il eſt rare qu'on ſoit apprécié par les hommes qui nous ont vu naître dans la pouſſière ; heureuſement pour Marius, la Capitale du monde fut plus juſte que la petite ville d'Arpinum ; elle le fit d'abord Tribun militaire, & dans cette occaſion, ce furent ſes exploits qui plaidèrent ſeuls pour lui ; car il n'avait pas même cette éloquence populaire avec laquelle l'homme le moins inſtruit, quand il eſt ému par une grande paſſion, ſubjugue la multitude. La plûpart des Citoyens qui lui donnèrent leurs voix, ne le connaiſſaient pas même de viſage.

Quelque temps après, le crédit de la Maiſon Métella à laquelle il était attaché de père en fils, le fit Tribun du peuple. Il commença cette Magiſtrature Plébeyenne, en propoſant une loi ſur la manière de donner les ſuffrages, qui tendait à rendre la brigue moins audacieuſe. Cette démarche déplut au Sénat, & le Conſul Cotta le manda, de la part de ſa Compagnie, pour rendre raiſon d'une pareille innovation: Marius auſſi intrépide devant ſes Concitoyens que devant les ennemis de la Patrie, ſe préſente au Sénat, non en accuſé qui balbutie une défenſe, mais en maître, qui ſe ſent né pour donner la loi: il déclare au Conſul que s'il ne révoque ſon Sénatus-Conſulte, il va le faire traîner en priſon. Cotta, peu effrayé d'une menace que les Gracques eux-mêmes n'auraient osé faire, s'adressa au premier Sénateur pour recueillir les avis. Métellus se trouvait alors le premier opinant, & il parla contre la nouvelle loi; à l'instant Marius qui croyait devoir davantage à la République qu'à la Maison de ses bienfaiteurs, appelle un de ses Huissiers, & lui ordonne de conduire Métellus en prison. Celui-ci implore le secours des autres Tribuns, mais en vain. Alors le Sénat est obligé de plier, & la loi reçoit sa sanction. Ce trait de vigueur, que dans des temps plus heureux, il ne faudrait qualifier que de trait d'audace, fit le plus grand honneur à Marius aux yeux de la multitude.

D'après ce triomphe sur la noblesse, tout le monde s'attendait à voir Marius le partisan le plus effréné de la Démocratie. On se trompait; cet homme célèbre, en proposant la loi contre la brigue, n'avait voulu qu'être juste; & quand il avait menacé le Chef de l'Etat, de la prison, il n'avait voulu que suppléer, par la justice militaire, à la forme trop lente des loix; aussi un de ses Collègues, pour se rendre plus populaire, ayant proposé une distribution gratuite de bleds, il s'y opposa avec la plus grande vigueur, ce qui le rendit cher aux deux partis, comme un homme incapable de plier pour d'autres intérêts que pour ceux de la République.

Après le Tribunat, Marius demanda l'Edilité Curule, & ne put l'obtenir; alors il se borna à l'Edilité Plébeyenne, & il eut encore le désagrément d'essuyer un nouveau refus. L'Historien de sa vie dit qu'il n'en rabattit rien de sa fierté & de son audace.

Peu de temps après, Marius se présenta sur les rangs pour obtenir la Préture. Des six Candidats qu'on nommait à cette Magistrature, il fut nommé le dernier, & encore l'accusa-t-on d'avoir, au mépris de sa propre loi contre la brigue, cherché à corrompre ses Electeurs. L'affaire ne parut ni assez prouvée pour lui faire ſubir un jugement légal, ni aſſez peu fondée pour le ſauver, dans l'opinion publique, d'une ſorte d'ignominie ; cependant il exerça tranquillement la Préture.

On lui donna l'année ſuivante l'Eſpagne pour département, & il rétablit dans cette Province ſa renommée ; il rendit en particulier un grand ſervice aux peuples des côtes maritimes, en les concentrant dans les Villes, ce qui affaibliſſait leur attrait pour la piraterie & le brigandage.

C'eſt à cette époque que Marius, tout homme nouveau, tout ſoldat de fortune qu'il était, fit une alliance brillante, au gré de ſon ambition, en épouſant Julie, tante de Jules-Céſar.

Marius, de la Préture, n'avait qu'un pas à faire pour parvenir au Conſulat ; mais comme il n'était pas noble d'extraction, ce pas était immenſe, & il fut cinq ans à le franchir. Ce fut Métellus qui le porta, contre ſon intention, à cette ſuprême Magiſtrature, en le nommant ſon Lieutenant-Général dans la guerre de Numidie.

Nous avons vu dans la vie de Jugurtha, l'Hiſtoire de ce Conſulat mémorable de Marius. Comme ce Romain était alors dans ſon élément, il exécuta des choſes aſſez merveilleuſes, pour qu'un Alexandre pût en être jaloux; alors les vieux Patriotes lui pardonnèrent d'avoir brigué des honneurs dont il ſavait ſe rendre digne, du moment qu'il en était revêtu.

Suivant les uſages de Rome, il fallait un interſtice de dix ans, pour quelque Citoyen que ce fût, entre un premier & un ſecond Conſulat; mais des barbares ſortis des environs de la mer Baltique, étant venu arracher à la Métropole du Monde le Sceptre de l'Italie, Marius qui avait ſi bien mérité de ſa Partie dans la guerre de Jugurtha, fut regardé unanimement comme le ſeul Général qui eût hérité du génie des Camille & des Scipion, & on lui déféra, au bout de trois ans, un second Consulat, sans qu'il l'eût demandé, & lorsqu'il était encore en Afrique. Le besoin que la nation avait des talents de Marius, lui ramena tous les cœurs qu'il semblait s'être aliénés en briguant la Préture.

Les Barbares qui obligeaient ainsi Rome à faire dormir les loix en faveur d'un soldat de fortune, étaient les Cimbres & les Teutons, peuples sortis du nord de la Germanie, & qui, de conquêtes en conquêtes, étaient venus jusques dans la Norique, contrée qui renferme notre Bavière & notre haute Autriche. Le Consul Carbon se posta dans les gorges des Alpes pour leur fermer le passage; mais il fut battu, & si une pluie qui tombait en torrens n'eût mis fin à la mêlée, le sang de tous les Romains aurait rougi le champ de bataille.

Les Barbares qui, comme on le reprochait à Annibal, savaient plutôt vaincre que profiter de la victoire, restèrent trois ou quatre ans sans menacer ni Rome, ni les peuples qu'elle honorait de son alliance; au bout de cette époque, ils parurent dans la Gaule, & demandèrent au Consul Silanus des terres qui pussent recevoir leurs Colonies, offrant à ce prix de servir de boulevard à la République. Le superbe Romain leur fit essuyer un refus humiliant, & ils s'en vengèrent, en remportant sur ses légions une seconde victoire.

Deux ans après, les armes Romaines subirent un autre affront de la part d'un peuple allié des Cimbres, qui traversait le pays des Allobroges. Le Consul Cassius y perdit la vie, & les débris de l'armée vaincue n'obtinrent la permission de revoir l'Italie, qu'en passant sous le joug: mais tant de défaites réitérées n'étaient encore que le prélude d'une déroute infiniment plus désastreuse qui, ainsi que les batailles de Cannes & d'Allia, augmenta d'un jour sinistre le calendrier de la République.

Le Consul qui fut l'instrument de ce désastre, était un Servilius Cépion, homme dont tout le mérite était dans la naissance & tout le courage dans l'orgueil; il vint dans les Gaules, non pour vaincre, mais pour s'enrichir : c'est lui qui ayant mis Toulouse au pillage, s'empara d'un poids immense d'or enseveli dans les eaux stagnantes d'un lac, par la superstition de plusieurs siècles, & qu'une tradition que la Philosophie est loin de garantir, fait monter au moins à quinze mille talents, (plus de quatre-vingt-un millions de notre monnaie); cet or connu dans l'antiquité sous le nom *d'or de Toulouse*, fut transféré sous escorte à Marseille; mais Cépion qui ne voulait être sacrilège que pour en recueillir seul le fruit, fit assassiner dans la route les soldats qui gardaient ce trésor, & s'en empara. Depuis ce crime, toute la vie du Consul ne fut plus qu'un tissu de malheurs. Nous allons le voir défait, de la manière la plus ignominieuse, par les Barbares; ensuite le peuple le destituera, confisquera tous ses biens, l'enverra dans un cachot, & quand il y aura été étranglé par la main du boureau, son corps sera traîné avec un croc aux Gémonies, comme celui d'un scélérat, sans nom (*a*). Les Historiens observent que la même fatalité sembla s'attacher à tous ses complices; de sorte que pour exprimer qu'un homme avait épuisé la coupe de l'infortune, on dit long-temps en proverbe, *qu'il avait de l'or de Toulouse*.

Cépion ne fit rien de vraiment mémorable dans sa campagne contre les Cimbres: l'année suivante, Rome envoya dans les Gaules une seconde armée Consulaire sous la conduite de Mallius, pour terminer l'expédition contre les Barbares. Les deux armées se joignirent, & puis

---

(*a*) Tel est du moins le récit de Valère Maxime; car s'il en faut croire le quatrième Livre de la Géographie de Strabon & la Harangue de Cicéron pour Balbus, Cépion ne fut condamné qu'à l'exil, & mourut à Smyrne, obscur & détesté.

ſe ſéparèrent par la coupable rivalité qui s'éleva entre Cépion & Mallius. Les Cimbres ne tardèrent pas à être inſtruits que les deux Généraux étaient encore plus acharnés entr'eux que contre les déprédateurs des Gaules ; alors ils fondirent ſur les deux camps, & les anéantirent. Ce grand déſaſtre arriva près d'Orange. S'il en faut croire Oroſe, il y eut quatre-vingt mille ſoldats & quarante mille eſclaves à la ſuite de l'armée qui furent paſſés au fil de l'épée. Comme les Barbares, avant le combat, avaient juré de tout ſacrifier aux Dieux, ce qui dans la langue du fanatiſme, ſignifie tout détruire, ils remplirent leur vœu féroce avec la plus grande fidélité. L'or & l'argent furent jettés dans le Rhône, le bagage mis en pièces, les armes briſées, les chevaux noyés, & le petit nombre de priſonniers, qu'on fit après l'action, pendus à des arbres. On prétend qu'il ne ſe ſauva du carnage que dix hommes, entr'autres le célèbre Sertorius, alors ami des Romains, & qui ſer-

vait

[illegible] ſous leurs Généraux, pour apprendre à les vaincre un jour.

Les Barbares qui croyaient ſans doute que Rome toute entière était dans les deux armées de Cépion & de Mallius, qu'ils venaient d'anéantir, ſe mirent en marche pour aller prendre poſſeſſion de la Capitale du Monde: Aurelius Scaurus, perſonnage Conſulaire qu'ils avaient fait priſonnier avant la dernière bataille, voulut leur repréſenter la difficulté de l'invaſion qu'ils méditaient; il leur dit qu'un Romain était invincible ſur ſes propres foyers, & Boiorix, un des Rois Barbares, indigné d'entendre un captif parler avec cette liberté, le perça de ſon épée avant la fin de ſa harangue.

Après cet aſſaſſinat, les Cimbres ſe mirent en marche pour envahir l'Italie; ils étaient au nombre de trois cents mille hommes, ſans compter les femmes, les enfans & les eſclaves, qu'ils traînaient à leur ſuite: par-tout où ils paſſaient, la terre était dévaſtée; c'était un vaſte incendie qui devenait à chaque instant plus terrible, par les nouveaux alimens qui entretenaient son activité. Rome était perdue, si après avoir franchi la barrière des Alpes, les Barbares avaient persisté dans leur projet de s'établir en Italie; mais ils changèrent tout-à-coup sans que l'Histoire puisse pénétrer les motifs de leur inconstance; & après avoir mis à feu & à sang toute la partie des Gaules, qui s'étend du Rhône aux Pyrenées, ils passèrent en Espagne. Cette faute donna aux vainqueurs du Monde le temps de se reconnaître, & ils commencèrent leur plan de défense, en déférant un second Consulat à Marius.

Marius profita de l'invasion des Cimbres en Espagne, pour discipliner les légions Romaines qu'il commandait; ce qui était l'unique moyen de leur faire faire de grandes choses, & il y réussit. Les soldats qui ne voyaient en lui que le digne émule des Fabius & des Paul Emile, se familiarisèrent peu-à-peu avec son extérieur terrible; la rudesse de sa voix, la fierté de son regard, l'air farouche de son visage les éloignèrent moins de sa personne; ils sentaient que tout cela était fait pour inspirer de la terreur, non à eux, mais aux ennemis de la République.

Un trait admirable de justice acheva de concilier à Marius la bienveillance universelle; ce Général avait un neveu nommé Lusius, qui servait dans l'armée sous le titre de Tribun militaire, homme digne de devenir le modèle de César, par l'union, moins rare qu'on ne pense, de la dépravation de mœurs & de la bravoure. Ce Lusius, dans l'oisiveté des camps, conçut un amour infâme pour un soldat de sa compagnie, nommé Trebonius, qui joignait à la vigueur de l'âge mûr toutes les graces de l'adolescence; après de vaines tentatives pour le corrompre, il le fit venir une nuit dans sa tente, & voulut le violer; le jeune guerrier qui avait l'ame trop haute pour jouer le rôle de Ganymède, outré de l'affront qu'on voulait lui faire ſubir, tira ſon épée & tua Luſius. A l'inſtant on le cite pour comparaître devant Marius.

Dès qu'on ſut Trebonius en péril, ſes lâches amis diſparurent ; il ſe préſenta, ſuivant l'uſage des pays dégradés, une foule d'accuſateurs, & pas un homme de bien pour le défendre. Mais quand tout abandonnait le jeune guerrier, il ne s'abandonna pas lui-même ; il raconta le fait avec toute l'ingénuité des mœurs antiques, nomma des témoins qui l'avaient vu rougir des propos licentieux du Tribun, & donna des détails ſur les préſens qu'il avait rejettés, parce que, diſait-il, pour un vrai Romain, l'honneur eſt tout, & l'opulence n'eſt rien : tout le monde était dans l'attente ſur l'eſpèce de peine que l'accuſé allait ſubir, quand Marius ſe levant, ordonna qu'on lui apportât une des couronnes deſtinées à récompenſer le plus glorieux des exploits militaires, & la plaça lui-même ſur la tête de Trebonius, aux acclamations de toute l'armée, qui ramena en triomphe, dans sa tente, le jeune homme qu'elle venait voir traîner au supplice.

La nouvelle de ce jugement parvint à Rome, & servit singulièrement à procurer un troisième Consulat à Marius.

Il est probable que c'est dans l'intervalle de ce troisième Consulat que Marius, pour faciliter la circulation des denrées dans la partie des Gaules où il campait, fit creuser par ses soldats un canal du Rhône, qui commençant au-dessous d'Arles, traversait la plaine de la Crau jusqu'au-delà d'un village de Foz, dont le nom rappelle encore l'ancienne étymologie de *fossa Mariana*, que les Romains donnèrent à ce grand ouvrage de Marius; les habitans de Marseille tirèrent, pendant long-temps, un grand revenu de ce canal, qui depuis plusieurs siècles est comblé.

Cependant tous ces Consulats déférés à Marius, pour purger l'Europe des Cimbres qui la dévastaient, pouvaient servir à sa gloire personnelle, mais non à celle de la République. Les Barbares n'avaient point quitté l'Espagne, & Rome qui n'osait affaiblir ses frontières, craignait d'y envoyer des légions.

Marius, à la fin de cette campagne pacifique où il s'était contenté d'être observateur, vint à Rome pour présider les comices : un grand nombre de Citoyens distingués par leur génie & par leur naissance, se mirent sur les rangs pour demander la suprême Magistrature; mais le vainqueur de Jugurtha gagna Saturnin, celui des Tribuns qui avait le plus grand ascendant sur la multitude, & il s'éleva alors une faction pour déférer encore un Consulat à Marius. Celui-ci feignit d'abord de se refuser aux vœux du peuple; mais Saturnin feignant à son tour une indignation patriotique, lui reprocha publiquement d'abandonner la République, à l'approche des Barbares qui la menaçaient d'une nouvelle invasion de Brennus : toute cette comédie fut pénétrée par les Romains les moins clairvoyans. Cependant Marius qui, à force de dire qu'il était nécessaire, avait réussi à le faire croire, n'en fut pas moins élu Consul pour la quatrième fois.

Enfin l'orage qui avait grondé pendant tant d'années autour de la République, vint éclater au milieu d'elle : les Barbares s'étaient partagés : les Cimbres prenaient la route de la Norique pour entrer en Italie, par le Trentin, & les Teutons, choisissant le chemin le plus court, traversaient la Provence, & menaçaient la Ligurie : deux armées Consulaires furent envoyées à l'instant pour garder les portes de l'Italie. Lutatius Cutulus fut chargé de veiller dans la chaîne des Alpes sur les Cimbres, & Marius alla camper au confluent du Rhône & de l'Isère, pour attendre les Teutons. Les Teutons arrivèrent plusieurs mois avant les Cimbres; mais quand le Général Romain se vit en présence de cette nuée de Barbares, il se tint renfermé dans ses retranchemens, comme Fabius devant Annibal; soit qu'il voulût accoutumer ses soldats à l'aspect sauvage & féroce de ces déprédateurs, soit qu'il crût qu'une si effroyable multitude ne pouvait manquer de dépérir dans un pays ennemi, quand la terre qui la nourrissait serait une fois dévastée. Cette sage circonspection ne se trouva ni du goût des Romains, ni de celui des Barbares.

Marius, pour faire goûter son plan militaire aux Romains, eut recours au fameux stratagême de Pisistrate : il leur dit, qu'averti par un Oracle, il attendait le moment indiqué par les Dieux pour la victoire, & pour les confirmer dans cette idée, il leur présenta une Syrienne célèbre dans les préjugés sacerdotaux, par le don de prophétie : cette espèce de Pythie s'était autrefois présentée au Sénat de Rome pour lui communiquer ses visions ; mais la compagnie, en corps, l'avait rebutée, sans vouloir l'entendre : elle s'adressa alors aux Dames Romaines, qui ayant moins de principes, lui firent sa renommée. Ce fut la femme de Marius qui l'envoya dans l'armée des Gaules. Le Général, pour tirer un plus grand parti de la crédulité, ne fit paraître sa Syrienne qu'avec un appareil imposant; on la conduisait en litière, vêtue d'une grande mante de pourpre qui s'attachait sur son sein avec des agraffes d'or, & portant à la main une pique environnée de guirlandes de fleurs & de bandelettes: soit qu'elle fût de bonne foi ou non, elle joua son rôle à merveille, & les soldats qui s'indignaient de l'inertie où les retenait le génie de Marius, s'appaisèrent à la voix d'une Sybille.

D'un autre côté, les Barbares qui ne pouvaient subsister dans un pays ennemi qu'à force de victoires, tâchaient, à force de railleries, de défis & de bravades, de tirer les Romains de leurs retranchemens: un jour, un Officier des Teutons, remarquable par sa taille colossale & par le poids de son armure, sortit des lignes, & vint provoquer Marius à un combat ſingulier. Le Conſul qui avait fait autrefois ſes preuves de bravoure, & qui d'ailleurs ne croyait pas l'honneur d'un Général attaché à une témérité heureuſe de ſoldat, répondit, avec un grand ſang-froid : *Si ce Teuton eſt las de vivre, il ne tient qu'à lui de s'aller pendre.*

Les Teutons ſe laſsèrent enfin d'un repos qui les menaçait de voir dépérir leur armée par le double fléau de la diſette & de la contagion : ils tentèrent de forcer Marius dans ſon camp ; mais cette attaque téméraire leur ayant coûté beaucoup d'hommes, ſans leur laiſſer le moindre eſpoir de ſe venger, ils prirent le parti de continuer leur marche, & de traverſer les Alpes pour deſcendre en Italie. Pour montrer le mépris qu'ils faiſaient des Romains, leurs Rois les firent paſſer en revue devant les légions, & ce fut alors qu'on connut mieux que jamais leur nombre effroyable ; car ils furent ſix jours entiers à défiler ſans s'arrêter un moment. On croyait voir une ſeconde armée de Xerxès, qui allait à la conquête de l'Europe. Les Officiers des Teutons qui se trouvaient les plus proches des lignes des Romains, leur demandaient ironiquement : *S'ils n'avaient rien à mander à leurs femmes, parce qu'incessamment ils donneraient de leurs nouvelles dans leur Capitale.* Les Romains ne répondirent rien; ils semblaient enchaînés par les Oracles de la Devineresse.

Les Barbares, persuadés dès-lors qu'il ne leur restait d'autres barrières à franchir que celle des Alpes, arrivèrent jusqu'aux bains de Sextius, sur lesquels notre ville d'Aix est bâtie. Marius les suivit en queue, & campa dans un poste très-avantageux, mais qui manquait d'eau, ce qu'il fit à dessein, pour aiguillonner la valeur de ses légions : aussi un grand nombre de soldats s'étant venus plaindre à lui de ce qu'une soif ardente les dévorait, il leur montra une rivière qui coulait le long des retranchemens des Barbares : *Voilà de l'eau devant vous*, leur dit-il, *il faut l'acheter par le sang.* Tous élèvent aussi-tôt leur voix : *Mène nous donc à l'ennemi*, répliquent-ils, *puisque la soif n'a pas encore desséché le sang dans nos veines.* Marius vit par cette réponse, que sa Syrienne allait lui devenir inutile, & il se disposa à une bataille.

L'action commença par trente mille Ambrons, qui passèrent la rivière ; les Liguriens qui servaient dans l'armée Romaine, voyant leur ordonnance rompue, tombèrent sur eux, & les taillèrent en pièces : la rivière, en un moment, fut teinte de sang & couverte de cadavres ; les vainqueurs poursuivirent les Barbares jusques dans leur camp, & tentèrent de le forcer ; mais ici un spectacle nouveau vint rallentir la fuite des uns, & la poursuite des autres ; c'était les femmes des Ambrons, qui grinçant les dents de douleur & de rage, venaient, la hache à la main, frapper également sur les vaincus & les vainqueurs, punissant également l'ennemi de son audace, & leurs époux de leur lâcheté : elles se jettaient, dit Plutarque, au milieu de la mêlée, saisissant avec leurs mains nues les épées des Romains, se voyant frapper sans effroi, & gardant jusqu'au dernier soupir l'enthousiasme de la bravoure. Cet événement terrible glaça enfin le courage des Liguriens, & ils rentrèrent dans leurs retranchemens sans avoir couronné leur victoire.

On ne pouvait considérer cette journée que comme le prélude d'une action décisive; aussi Marius pendant toute la nuit redoubla de vigilance & d'activité. Dès la pointe du jour, sachant qu'au-dessus du camp des Barbares, il y avait des ravins couverts de broussailles, il y envoya un corps de trois mille hommes, commandé par Marcellus, en embuscade. Le lendemain, il rangea son armée en bataille sur le penchant de la coline où son camp était assis. Les Teutons transportés de joie de ce qu'on leur fournissait l'occasion de venger la défaite de leurs Alliés, s'élancent avec fureur sur leurs ennemis, malgré le désavantage du poste ; mais comme leur ordonnance serrée ne pouvait se maintenir, parce que l'inégalité de terrein rendait le corps de chaque soldat vacillant & sans assiete, les Romains n'eurent pas de peine à mettre du désordre dans leurs premières lignes : d'un autre côté, Marcellus, aux premiers cris des combattans, était sorti de son embuscade, & attaquant les Teutons par derrière, les taillait en pièces ; en peu de temps le désordre fut extrême : les Barbares, vivement pressés en tête & en queue, ne purent soutenir ce double choc, & malgré les haches vengeresses de leurs femmes, se débandèrent. Alors le combat cessa pour faire place au plus affreux carnage. A en croire le sommaire de Tite-Live, il y eut deux cents mille hommes passés au fil de l'épée, & on en fit prisonniers quatre-vingt-dix mille. Sans garantir ce fait, dont l'invraisemblance diminue un peu l'attrocité, on peut juger du massacre que firent les Romains, par une anecdote que Plutarque nous a conservée ; c'est que pendant un grand nombre d'années, la nation, dont Marseille était la Capitale, fit servir dans ses domaines, les ossemens des Teutons, de murs de clôture ; car on ne daigna pas honorer de la moindre pompe funèbre les restes de ces brigands, qui n'avaient quitté leur Patrie que pour dévaster l'Europe.

Marius, après avoir mis à part les armes des Rois Barbares, qui pouvaient, par leurs richesses & le fini de leur sculpture, donner le plus d'éclat à son triomphe, fit rassembler toutes les autres sur une énorme bûcher, afin de les offrir aux Dieux en sacrifice ; déjà son armée était rangée autour de l'échafaud, couronnée de lauriers ; déjà le Général, en habit de cérémonie & le flambeau à la main, allait mettre le feu au bûcher, lorsqu'on vit arriver des couriers à toute bride qui vinrent annoncer que le vainqueur des Teutons était nommé Consul pour la cinquième fois : les légions applaudirent avec une sorte d'ivresse au choix de la République. Les Officiers généraux s'empressèrent d'orner de nouvelles couronnes la tête de Marius ; & quand ce premier délire de la reconnaissance fut passé, le feu fut mis au bûcher, & on acheva le sacrifice.

Pendant que les Teutons payaient de leur sang l'audace de leur invasion, les Cimbres forçaient le passage des Alpes du côté du Trentin. Catulus ne trouva d'autre ressource que de garder le fleuve de l'Adige, pour empêcher les Barbares de pénétrer plus avant en Italie : il forma à cet effet deux camps sur les deux rives opposées, & jetta un pont sur le fleuve pour leur communication. Les Barbares, encouragés par le bonheur qu'ils avaient eu de dompter les Alpes, traînèrent des arbres déracinés dans l'Adige, y roulèrent d'énormes rochers pour renverser le pont, & effrayèrent tellement les légions qui gardaient l'une des deux rives, qu'elles se retirèrent. Catulus épuisa toute son éloquence pour engager les soldats à tenir ferme, &

voyant

voyant que chacun n'obéissait qu'à la terreur, persuadé qu'il devait sacrifier sa gloire personnelle à l'honneur du nom Romain, il courut lui-même devant l'aigle qui dirigeait la marche des légions : par cette ruse patriotique, il faisait entendre que si les Romains décampaient, ce n'était pas parce qu'ils fuyaient devant les Cimbres, mais seulement parce qu'ils suivaient leur Général : ce trait vanté par Plutarque, ne l'aurait pas été par César : il était en effet plus beau de prévenir une fuite à force de bravoure, que de recourir à un trait d'esprit pour en pallier l'ignominie.

Les Cimbres attaquèrent bientôt le fort qu'on avait bâti au-delà de l'Adige, & s'en emparèrent ; mais pénétrés d'admiration pour la belle défense que firent les Romains, ils leur accordèrent une capitulation honorable qu'ils jurèrent sur un taureau d'airain, suivant leur usage ; c'est dans cette occasion, sans doute, que Petreius, Centurion d'une légion, la voyant enveloppée, proposa à son Tribun de ſe faire jour au travers du camp des Cimbres : comme l'Officier général balançait, il le tua de ſa main, ſe mit à la tête de la légion, & la tira du danger. Cet exploit, (qui l'était du moins pour un peuple eſſentiellement guerrier) fut récompenſé d'une couronne obſidionale (*a*)

La fuite de Scaurus, fils d'un homme reſpectable par ſes triomphes & ſes Conſulats, parut contraſter ſingulièrement dans cette journée terrible avec la bravoure de l'obſcur Pétréius : auſſi quand ce Patricien fut de retour dans Rome, ſon père lui ayant interdit ſa préſence, la lumière lui devint odieuſe, & pour ſauver les débris de ſa renommée, il ſe tua.

Il était temps que Marius arrivât pour empêcher la conquête de l'Italie par les Barbares. Ce Héros appellé à Rome pour

(*a*) Elle était de ſimple gazon, & ſe donnait pour récompenſe d'avoir été le ſauveur de ſes Concitoyens.

y recevoir les honneurs du triomphe, ne voulut pas l'accepter, tant que la République serait en péril, & il se hâta de joindre ses légions à celles de Catulus.

Cependant les Cimbres ignoraient encore la défaite des Teutons : arrivés auprès du Pô, ils envoyèrent une ambassade aux généraux de la République, avec ordre de leur demander, soit pour eux, soit pour leurs frères, des terres dont la culture suffit à leurs besoins : l'entretien de Marius & du Chef de l'ambassade nous a été conservé par l'Histoire.

MARIUS.

Eh quels sont ces frères pour lesquels Rome doit dépeupler l'Italie ?

L'AMBASSADEUR.

Ce sont les Teutons qui viennent ravager la terre qu'ils ne peuvent tenir de tes bienfaits.

MARIUS.

Laisse-là désormais ces frères. Cette terre que tu demandes, ils l'ont en partage, & aucune Puiſſance du globe ne peut la leur ravir.

L'AMBASSADEUR.

Homme barbare, tu prétends nous intimider, en diſant que les Teutons ne ſont plus ! vain ſtratagême de ta mauvaiſe foi ! Ils viennent punir ton audace : déjà les Rois qui les commandent ſont aux portes de ton camp.

MARIUS.

Non, ils ſont dans mon camp même, & tu vas les voir paraître. Puiſque ce ſont tes frères, il ne faut pas que tu partes d'ici, ſans les avoir embraſſés.

Les Ambaſſadeurs qui ſe doutaient de l'évènement par les ironies ſanglantes de Marius, étaient dans une attente cruelle. En effet, un moment après, on amena, chargés de chaînes, les Rois des Teutons, qu'on avait arrêtés, après leur défaite, dans les gorges de la chaîne des Alpes : les Barbares ſe retirèrent confondus, &

on ne songea plus dans leur camp qu'à la vengeance.

Dès le lendemain, Boiorix, un des Rois des Cimbres, s'approcha des lignes des Romains, demanda le Général, & le défia à prendre un jour pour terminer, les armes à la main, la querelle des deux nations. Marius répondit que Rome n'était pas dans l'usage de prendre conseil de ses ennemis pour les combattre; mais que pour lui, il craignait si peu les Cimbres, qu'il aurait pour eux cette complaisance; en effet, il fut convenu qu'on attendrait au surlendemain, & que la bataille se donnerait dans la plaine de Verceil, où la cavalerie Romaine pourrait exécuter ses manœuvres, & les innombrables bataillons des Barbares se déployer.

Il est difficile d'asseoir un jugement bien sain sur les détails de cette grande journée. Plutarque est le seul Historien de l'antiquité qui nous les ait transmis, & il n'a travaillé que sur les Mémoires de Catulus & de Sylla, tous deux ennemis mortels de Marius (a); cependant comme la haine n'est pas toujours injuste dans ses récits, on peut, jusqu'à un certain point, adopter celui de Plutarque, quoiqu'il tende à flétrir du crime de la jalousie la personne de Marius.

Marius avait trente-deux mille hommes sous ses ordres, & Catulus seulement vingt mille; il plaça les soldats de son Collègue au centre, & distribua sur les deux aîles ses propres légions. Comme toutes les fois qu'un front de bataille est très-étendu, les aîles nécessairement débordent le centre, & par conséquent se trouvent les premières engagées dans l'action, le Consul se flattait de rompre l'armée ennemie avec ses seules troupes, & de ne partager ainsi avec personne l'honneur de la victoire; mais son étoile

(a) Catulus avait écrit l'Histoire de son Consulat, & Sylla les Mémoires de sa vie; il ne nous reste rien de ces deux Ouvrages.

qui jusqu'alors l'avait si bien servi dans ses exploits, le trahit très-à-propos, quand il ne voulut aller à la gloire que par la jalousie.

Cependant les Cimbres s'étaient rangés en bataille; la multitude énorme de leurs soldats leur ayant permis de donner à leurs rangs une profondeur égale à leur front, ils formaient une masse quarrée, dont chaque face occupait trente stades de terrein; cette espèce de rempart vivant était protégé par un corps de quinze mille chevaux, dont l'aspect était bien fait pour inspirer l'effroi : en effet, les guerriers qui les montaient avaient des casques en forme de gueules béantes, ou qui représentaient des muffles de toutes sortes de bêtes épouvantables; les casques étaient rehaussés par des panaches d'une hauteur prodigieuse, & qui se partageaient comme si c'était des aîles éployées : la terreur dût augmenter, quand on vit cette masse énorme se mouvoir : l'armée des Cimbres s'avançait comme les flots de la mer, quand ils menacent d'engloutir un continent. Les Généraux Romains, à sa vue, levèrent les mains au ciel ; l'un promit d'immoler une hécatombe aux Dieux, & l'autre, de dédier un Temple à la Fortune. Pendant ce temps-là, les Prêtres immolaient une victime ; dès qu'on en eut montré à Marius les entrailles palpitantes, il eut le bon esprit de s'écrier : *la victoire est à moi*, & les légions animées, crurent en effet marcher à la victoire.

Marius, toutefois, ne joua qu'un rôle subalterne dans cette grande journée : à peine se fut-on ébranlé de part & d'autre pour en venir aux mains, qu'il s'éleva un tourbillon de poussière qui cacha entièrement les deux armées l'une à l'autre. Les Romains qui formaient les deux aîles, se dirigeant mal dans l'obscurité où elles se trouvaient ensevelies, allèrent errer dans la plaine, bien au-delà du champ de bataille.

Pour Catulus, il trouva la fortune aussi

favorable qu'elle était contraire à Marius. Le ſoleil qui donnait dans le viſage des Cimbres, un des jours les plus brûlans de la Canicule, leur ôtait la force phyſique ; ſans laquelle il y a bien peu de courage ; à peine leur reſtait-il aſſez de vigueur pour intercepter, avec leurs boucliers, une partie des feux du midi ; en vain, pour empêcher de rompre leur ordonnance, leurs Officiers avaient-ils lié les ſoldats des premiers rangs les uns aux autres par de longues chaînes, l'impétuoſité Romaine renverſait des files entières ; quand la plaine commença à ſe couvrir de morts, les Barbares ne voyant aucune reſſource dans le génie de leurs Rois, cédèrent & s'enfuirent en déſordre dans leur camp : ici ſe renouvella la ſcène tragique des Ambrons ; les femmes des Cimbres, vêtues de robes de deuil, montent ſur leurs chars, & ne pouvant rallier leurs troupes fugitives, percent de leurs lances tout ce qu'elles rencontrent ; égarées par un patriotiſme féroce, elles ne reſpectent aucun des nœuds de la nature; la fille frappe son père, & l'épouse son époux. Comme ce délire de bravoure n'empêchait pas le camp d'être forcé, se voyant enveloppées de toutes parts, elles députèrent à Marius pour lui demander, sinon la liberté, du moins un esclavage dont leur sexe n'eût point à rougir; elles s'offrirent à servir les Vestales, promettant de garder comme elles une éternelle continence; mais le Héros farouche qui voulut anéantir jusqu'aux germes des ennemis du nom Romain, les refusa: alors ces Héroïnes n'attendirent pas l'ordre de leurs vainqueurs pour mourir: on les voyait prendre leurs enfans, les étouffer de leurs mains, ou les jetter sous les roues des chars, & ensuite s'étrangler elles-mêmes. On en trouva une pendue au timon de son char, ayant ses deux fils attachés par le col à ses deux talons. Quand la bataille fut tout-à-fait perdue, ce délire du suicide gagna jusqu'aux hommes; pour se dérober à l'ignominie de l'esclavage, les uns se pendaient à des arbres, les autres passaient à leur col un nœud coulant qu'ils attachaient aux cornes de leurs taureaux, & pressant ensuite de l'aiguillon ces quadrupèdes, ils périssaient de l'affreux supplice d'Hippolyte. Mais ma plume se lasse de tracer ces scènes d'horreur; il suffit, pour la fidélité de l'Histoire, d'ajouter que cette journée de Verceil coûta aux Cimbres cent quatre-vingt mille hommes, dont soixante mille furent faits prisonniers, & tout le reste périt sur le champ de bataille.

La victoire était due évidemment aux légions de Catulus, qui seules avaient enfoncé le corps de bataille des Barbares: mais comme Marius était Consul, tout l'honneur lui en resta; on lui décerna le titre de troisième Fondateur de Rome, ainsi que Camille avait été nommé le second après la défaite de Brennus: on proposa aussi de le faire triompher deux fois, à cause de sa double victoire sur les Cimbres & sur les Teutons; mais il eut assez de modération pour n'accepter qu'un seul triomphe, encore y associa-t-il Catulus, ce qui dissipa un peu le nuage que sa jalousie avait répandu sur sa gloire. Parmi les Rois captifs qui furent traînés à la suite de son char de triomphe, on remarqua un Teutobod, dont la taille était si colossale, que sa tête surpassait les trophées, ce qui supposerait un géant au moins de neuf pieds; merveille qu'il est difficile de croire, parce qu'on ne la tient que de l'empoulé Florus, mais qu'il est aussi très-difficile de nier, depuis la découverte des Patagons le long du détroit de Magellan.

Parmi les soldats des légions, dont la valeur avait déterminé la victoire de Verceil, il y avait deux cohortes d'Ombriens, que Marius récompensa par le don de bourgeoisie Romaine : les ennemis de ce Héros représentèrent au peuple qu'il s'était mis par un tel don au-dessus de la loi; mais Marius répondit avec fierté, *que le jour de la victoire de Verceil, le bruit des armes ne lui avait pas permis d'entendre la voix de la loi.*

Marius & Catulus, après leur triomphe, s'acquittèrent du vœu que la peur, sans doute, leur avait fait faire, le jour où les Cimbres furent exterminés; mais comme le premier, guerrier sauvage & farouche, n'avait ni connaissance des arts de la Grèce, ni estime pour eux, il ne fit entrer que les pierres les plus simples & les plus brutes dans le Temple qu'il érigea. Le marbre, les statues, les tableaux & les bas-reliefs en furent rejettés comme indignes des mœurs antiques, & rappellant trop aux conquérans du Monde la mollesse des peuples qu'ils avaient subjugués. On mit sur la façade de cet édifice sacré: *A la vertu guerrière.* Un pareil monument avait été érigé par Marcellus, le vainqueur d'Annibal.

Marius passa dans Rome son cinquième Consulat; mais comme la guerre était son élément, il ne soutint pas, à la tête du Sénat, la considération qu'il s'était acquise à la tête des armées ; cependant cet homme ivre d'honneur & de gloire, aspira à un sixième Consulat, & ne pouvant l'attendre des vertus pacifiques ou des grands principes d'administration qu'il n'avait pas, il eut recours à des adulations serviles auprès du peuple, qui compromettaient à la fois la majesté de sa place & sa renommée. A ces basses manœuvres, il joignait le grand moyen de Jugurtha ; il répandit l'argent à pleines mains dans les Tribus. Le complot réussit, graces aux mœurs dégradées de ces temps-là, & Marius réussit, non-seulement à se faire nommer Consul pour la sixième fois, mais encore à écarter de la suprême Magistrature Métellus Numidicus, dont il craignait la vertu & les lumières. On lui donna Valérius Flaccus, homme sans caractère, & moins fait pour être son Collègue que son esclave.

On peut observer que depuis la révolution qui détrôna les Tarquins, Rome n'avait encore déféré tant de Consulats à aucun de ſes Citoyens, ſi ce n'eſt à Valérius Corvinus; encore y eut-il entre le premier & le ſixième Conſulat de Corvinus quarante-cinq ans d'intervalle, tandis que Marius, après le Conſulat où il détrôna Jugurtha, s'étant repoſé deux années, fut Conſul cinq ans de ſuite ſans interruption : on ſent que cette foibleſſe dans le Gouvernement doit conduire à la Dictature illimitée de Sylla, & enſuite au deſpotiſme de ces Céſars, qui toujours, ſous des noms Républicains, anéantirent la République.

Ce dernier Conſulat de Marius n'offre aucun évènement mémorable, ſi ce n'eſt les intrigues coupables de Saturnin, pour faire revivre la faction des Gracques, leurs loix Agraires, ainſi que leur tyrannie; mais cette eſpèce de révolution qui peint admirablement la dégradation ſucceſſive des mœurs Romaines, mérite un chapitre particulier dans l'Hiſtoire de la République.

TRIBUNATS SÉDITIEUX, ET MORT TRAGIQUE DE SATURNIN (a).

L. APULEIUS Saturninus, Plébeyen obscur, mais qui, persuadé que, dans une République, le génie pouvait franchir les distances, ne consultait que son imagination ardente pour tout oser, commença à être connu des Romains comme l'Alcibiade d'Athènes, par son amour effréné pour les plaisirs : entraîné par son tempérament qui l'entraînait vers les Courtisanes & les Ganymèdes, il exerça si mal la Questure ; que le Sénat fut contraint de le déposer, pour donner sa place à Scaurus. Cet affront l'arracha à la débauche ; mais pour en faire le fléau de sa Patrie,

(a) *Plutarch.* in Syll. & Mari. *Appian.* de bell. civil. lib. 1. *Tit.-Liv.* Epitom. *Oros.* lib. 5. *Cicer.* pro Rabir. & pro Sext. *Valer. Maxim.* lib. 3. & 8. *Diod. Sicul.* in excerpt. Vales.

l'ambition

l'ambition dès-lors devint sa passion dominante, & pour se venger de l'ordre qui l'avait flétri, il bouleversa toute la République.

On ignore par quelle voie Saturnin s'éleva au Tribunat; mais il y parvint au milieu du septième siècle de l'ère du Capitole; & comme il avait au plus haut degré l'éloquence populaire, il devint en peu de temps l'idole de la multitude: afin de consolider davantage son despotisme, il forma une espèce de ligue offensive & défensive avec Marius. On peut juger avec quel zèle ce fougueux Tribun servait le vainqueur de Jugurtha, par la loi qu'il proposa, pour faire distribuer aux soldats vétérans qui avaient fait la guerre de Numidie sous ce Général, cent arpens de terre en Afrique. Un de ses Collègues voulut s'opposer à ce trait d'adulation servile; mais il donna un signal, & le peuple chassa ce bon Citoyen à coup de pierres, de la place publique: cette violence rendit les autres Tribuns timides, & la loi passa.

Saturnin, en se faisant protéger par Marius, épousa toutes ses querelles. Voilà le germe de l'exil de Métellus Numidicus. Ce trait, un des plus mémorables de ces temps désastreux, mérite d'être rapporté avec tous ses détails.

Métellus venait d'être nommé Censeur, & comme il croyait à la vertu, il s'était flatté de rétablir les mœurs publiques. Sa Magistrature avait commencé d'une manière aussi vigoureuse que celle de Caton : tout ce qui portait un nom flétri avait été chassé ou du Sénat, ou de l'Ordre des Chevaliers ; & Saturnin qui joignait des crimes publics au cynisme de sa vie privée, n'avait pas été épargné : malheureusement le Collègue du Censeur avait toute la pusillanimité de la prudence, & sous prétexte de tout pacifier, il rétablissait les Citoyens notés par Métellus. Saturnin fut de ce nombre, & il ne tarda pas à se venger.

Un imposteur appellé Equitius, sachant combien le nom de Grachus était cher au peuple, l'adopta pour avoir tout d'un coup une grande existence, & se présenta aux Censeurs pour être inscrit en cette qualité sur le tableau des Citoyens. Métellus réclama contre cette généalogie, & en montra l'absurdité: Saturnin caché derrière la toile, faisait mouvoir ce personnage de théatre, & il ne tarda pas à le soutenir; il engagea un de ses Collègues à faire monter Sempronia, sœur des Gracques, sur la Tribune aux Harangues, pour la sommer de reconnaître le faux Grachus, & de l'embrasser en cette qualité; mais Sempronia était une Héroïne: malgré les clameurs de la multitude, malgré les regards enflammés que lui lançait le Tribun, malgré le péril de sa vie, elle repoussa avec mépris l'homme vil qu'on voulait introduire dans sa maison. Métellus triomphait, il voulait dévoiler toutes les manœuvres des protecteurs d'Equitius; mais ce peuple idolâtre du nom des Gracques, & flatté de l'espoir de le voir revivre, ne voulait point être éclairé ; il s'emporta avec violence, les pierres volèrent sur le Tribunal du Censeur, & ses jours furent en danger.

Saturnin, dans cette affaire, n'avait été qu'un chef invisible de faction : l'impunité l'enhardissant à toute espèce d'attentats, il eut l'audace d'aller tirer Métellus de sa maison, & de le poursuivre à main armée jusqu'au Capitole. Ce Citoyen vénérable ne trouva pas même un azile assuré dans le temple de Jupiter ; le fougueux Tribun alla l'y assiéger, & il fallut que les Chevaliers Romains, pour le sauver, livrassent un combat où il y eut beaucoup de sang répandu. Tel était le scélérat que protégeait Marius.

Saturnin ne respectait pas plus le droit des gens, qui lie toutes les nations, que la constitution Romaine : Mithridate ayant envoyé des Ambassadeurs à la République, l'audacieux Tribun les insulta devant le peuple : il est vrai qu'il fut cité pour ce dernier attentat ; mais sa faction ayant menacé tous les Ordres de l'État d'une guerre civile, les Juges tremblèrent & laissèrent échapper leur victime.

Saturnin échappé avec peine de l'échafaud, au lieu d'ensevelir sa honte dans la plus profonde obscurité, se croyant indépendant, non-seulement de la loi, mais encore de l'opinion, demanda à ses Concitoyens un second Tribunat. Marius, à l'ambition de qui ce factieux était nécessaire, le lui promit, & prostitua à cet effet son ascendant sur l'armée qu'il commandait, & le pouvoir consulaire dont il était revêtu. Cependant le complot fut sur le point d'échouer ; de dix places de Tribun, il y en avait neuf de données, & Nonnius disputait la dixième. Saturnin trancha le nœud gordien en assassinant son rival ; ensuite, dès le lendemain, il tint une assemblée furtive où il se fit élire Tribun par sa cabale. La ligue odieuse de Saturnin & de Marius inspirait tant de terreur, que personne n'osa seulement demander justice du meurtre de Nonnius.

Ce second Tribunat de Saturnin tombe avec le sixième Consulat de Marius. A peine ce Factieux se vit-il en place, qu'il proposa une loi Agraire : quelques-uns de ses Collègues, que la Noblesse excitait sourdement, réclamèrent ; mais Saturnin qui ne respectait aucun frein, chassa de Tribun opposant de la place publique, & envoya les Citoyens aux suffrages ; dans ce moment on entendit un coup de tonnerre, & suivant la constitution Romaine, appuyée sur les rêveries des augures, toute assemblée était alors rompue de droit, & on ne pouvait rien statuer. Comme les Nobles commençaient à défiler, Saturnin, en fureur, leur cria : *Tremblez : si vous ne restés tranquilles, après le tonnerre viendra la grêle* : en effet, ce mot ayant servi de signal à la faction du Tribun, on vit voler une grêle de pierres sur la confédération des bons Citoyens ; ceux-ci se défendirent avec des bâtons. A la fin, les rebelles succombèrent & la loi passa.

Il y avoit dans cette Loi agraire une clause très-étrange ; c'est que le Sénat serait obligé d'en jurer l'observation, & que tout réfractaire serait condamné à l'exil. Cette clause était un piège tendu à la courageuse franchise de Métellus, & Marius employa tout son Machiavélisme à l'y faire tomber ; il vint au Sénat : « le serment qu'on nous demande, dit-il, est évidemment injuste, je ne le prêterai jamais, & je ne suis sûrement ici que l'interprète des gens de bien : car enfin, ou la Loi est bonne, & nous n'avons besoin que de notre raison pour l'observer, ou elle ne l'est pas, & ce serait alors un crime contre la Patrie de jurer qu'on l'observera. »

Ce dilemme était sans réplique : aussi Métellus qui ne pressentait pas la duplicité du Consul, ayant protesté, en qualité de premier opinant, qu'il ne prêterait pas le ferment exigé par Saturnin, les autres Sénateurs furent de fon avis, & la compagnie fe fépara.

Le jour fixé pour faire prêter le ferment, Saturnin appella les Sénateurs à la Tribune aux Harangues, & Marius comparut le premier. A fa vue il fe fit un grand filence & Rome entière était dans l'attente; ce nouveau Lyfandre de Lacédémone, pour qui rien n'était facré, fi ce n'eft les engagements de fa haîne, annonça d'abord à fa compagnie qu'il avait trouvé un expédient merveilleux pour concilier l'intérêt public avec fa sûreté perfonnelle; *c'était de jurer qu'il accepterait la Loi, en cas qu'elle fût Loi.* Il n'y avait perfonne qui ne fentît l'abfurdité d'un fi coupable fubterfuge; mais la crainte de l'exil glaça le patriotifme des Sénateurs, & Marius s'étant levé pour prêter le ferment, tous les Sénateurs l'imitèrent, à l'exception de Métellus, qui feul foutint, en cette circonftance, l'honneur de la République.

Saturnin & Marius ne tardèrent pas à couronner leur crime ; le premier fit publier un plébiscite qui enjoignait aux Consuls d'interdire le feu & l'eau à Métellus, & qui défendait à tous les sujets de l'État de lui donner une retraite, c'était la formule de l'exil. Le peuple était si animé contre cet homme de bien, qu'il y eut des Factieux qui s'offrirent à l'aller assassiner : la Noblesse en fut instruite, & elle se rendit en foule chez lui pour le défendre ; mais il n'était pas dans le caractère de Métellus de faire servir son nom à une émeute : il sortit de la Ville, consolant ses amis éplorés & sa famille éperdue. « Mes amis, leur dit-il, ou il » y aura une révolution, & le peuple » rougissant de mon exil, je serai rap- » pellé avec honneur, ou la République » continuera à être gouvernée par des » Saturnin, & alors je serai trop heu- » reux de n'être pas témoin de ses mal- » heurs. »

Métellus se retira à Rhodes, & il y

consola avec la philosophie & les arts, de l'ingratitude de sa Patrie. On pouvait lui interdire le feu & l'eau, mais non la paix avec soi-même, & ces jouissances pures d'une ame tranquille qui, heureusement pour la vertu opprimée, sont indépendantes de l'opinion des hommes.

Saturnin, toujours plus coupable & toujours plus impuni, après l'exil de Métellus, se livra à des excès qui firent rougir jusqu'à son protecteur Marius : tous les deux avaient, non pas pour amis, (car les ennemis des hommes n'en n'ont point) mais pour confident, un Glaucia, le rebut de la Magistrature. Ce Glaucia ayant été nommé Préteur, s'avisa de rendre la justice dans la place publique, au moment où Saturnin haranguait le peuple ; celui-ci prétendit que c'était un outrage à la majesté tribunitienne, & il fit mettre en pièces la chaise Curule du Préteur, par les Ministres ordinaires de ses violences. Cependant Marius ménageait encore le Tribun ; comme les discordes intestines lui semblaient nécessaires pour qu'il pût, en temps de paix, jouer un rôle parmi ses Concitoyens, il attisait, sous main, le feu de la discorde entre ce factieux & la noblesse; il ne craignait pas même d'employer à cet effet de petits moyens qui annonçaient encore moins ses vues coupables, que la stérilité de son génie. Un soir que les principaux du Sénat s'étaient rendus chez lui pour le conjurer, au nom de la Patrie, de réprimer les fougues de Saturnin, il reçut en même-temps le Tribun par une porte secrette de sa maison, & prétextant une incommodité qui le forçait à de fréquentes absences, il passait & repassait sans cesse d'un appartement à l'autre, envenimant les discours qu'il entendait, & finit par renvoyer les deux partis, infiniment plus aigris qu'ils n'étaient auparavant : on ne revient pas de son étonnement, de voir le Chef de la Capitale du Monde, employer toutes ces ruses basses & vulgaires, dont n'usaient, qu'en rougissant, ces petits tyrans de l'Italie du moyen âge, pour qui a été écrit le *Prince* de Machiavel.

L'existence de Saturnin, dans Rome, est à chaque instant un nouveau prodige aux yeux des Philosophes; mais la carrière de ses crimes n'est pas encore fermée: son second Tribunat étant expiré, il eut l'audace d'en demander un troisième, & pour se rendre plus agréable au peuple, il voulut avoir pour Collègue l'imposteur déshonoré, qui se disait de la Maison des Gracques. Marius commençait à être las de Saturnin; &, pour la première fois depuis la défaite des Cimbres, il agit en Consul: il ordonna, en qualité de Chef de la République, au faux Grachus de se retirer du rang des Candidats; & sur son refus, il le fit mettre en prison. Cet acte de rigueur causa une émeute; la populace, idolâtre du nom illustre que l'imposteur osait usurper, força la prison, en arracha le coupable, & le nomma Tribun avec Saturnin. Le Sénat plia encore, & Rome croyait avoir une constitution.

Saturnius, pour rendre son triomphe plus [illegible], tenta d'avoir un Consul qui lui fût dévoué, & il jetta les yeux sur [illegible] Glaucia, dont il avait fait [illegible] en pièces la chaise Curule : ce Glaucia convenait parfaitement au factieux, parce que la bassesse de son ame [illegible] à celle de sa naissance ; mais il ne pouvait être élu, parce qu'il était actuellement Prêteur. Saturnin ne fut [illegible] par cette considération ; braver les loix, était pour lui un moyen de plus de [illegible] son pouvoir ; il persista donc à vouloir faire déférer la pompe Consulaire à sa créature. Le jour des comices arrivé, le peuple élut d'abord l'Orateur Marc-Antoine ; la seconde place était disputée entre Memmius & Glaucia, & Memmius allait être préféré. Saturnin, outré qu'une nation entière osât lui désobéir, détache sur le champ quelques-uns des assassins qu'il avait à ses gages, & fait assommer le Patricien sur la place, en présence de tous les Ordres de la République.

Ce dernier attentat amena la révolution; il y eut un Sénatus-Consulte qui enjoignait aux deux anciens Consuls *de défendre la majesté du peuple Romain par toutes les voies qu'ils jugeraient convenables*: alors Marius qui ne pouvait plus le perdre, protéger le Tribun contre l'indignation publique, fit prendre les armes aux Citoyens, distribua les postes, & marcha lui-même vers la place publique où Saturnin l'attendait avec ses satellites. Les forces n'étaient pas égales; d'un côté se trouvait toute la noblesse de Rome, ayant à sa tête les deux Consuls, tous les Préteurs, excepté Glaucia; tous les Tribuns, excepté Saturnin; le Sénat en Corps, & l'Ordre entier des Chevaliers: on y remarquait sur-tout deux vieillards vénérables; Scaurus, Prince du Sénat, qui se traînait, ayant une goutte douloureuse au pied, mais qui s'en consolait en patriote, parce que, disait-il, la goutte ne l'empêcherait que de fuir; & Scévola accablé sous le poids des années, presque paralytique, & montrant à la fois, dit Cicéron, la faiblesse de son corps & la vigueur de son courage. Du côté de Saturnin, il n'y avait guères que le faux Grachus, l'infâme Glaucia, le rebut de la populace & la lie des esclaves.

Après un combat, dont l'inégalité des forces abrégea la durée, Saturnin vaincu, fut obligé de se réfugier avec les débris de sa faction dans le Capitole; mais on le mit hors d'état de soutenir un long siége, en interceptant l'eau des aqueducs: un des complices du Tribun proposa alors de mettre le feu au Temple de Jupiter, & de périr ainsi glorieusement sur le plus illustre des bûchers. Mais le Tribun comptait sur le crédit de Marius, avec qui il entretenait encore une secrette intelligence, & il se rendit sur la foi publique. En vain le Consul voulut-il le sauver; le peuple ameuté par la noblesse, se jetta sur les Chefs de la faction, à mesure qu'ils descendaient du Capitole, & les massacra. Saturnin fut tué par un eſclave qui eut ſa liberté pour récompenſe.

Telle fut la fin de ce ſcélérat, qui, deux ſiècles plutôt, n'aurait été connu des Romains que par le ſpectacle de ſon ſupplice, mais qui venant cinquante ans plus tard, aurait pû mourir Dictateur; la nobleſſe, qui lui avait laiſſé exercer deux ans la puiſſance Tribunitienne, quand il ne fut plus, pourſuivit ſa mémoire avec une eſpèce d'acharnement. On cite en particulier un Titius, qui fut envoyé en exil, parce qu'on trouva chez lui un portrait de Saturnin, ſupplice odieux qui détruit l'équilibre ſocial entre les délits & les peines, & qui ne mérite pas moins d'être dénoncé aux ſiècles, quoique Cicéron, dans une déclamation oratoire, en ait fait l'éloge.

Après la mort tragique de Saturnin, il ſemblait que Métellus devait naturellement être rappellé dans ſa Patrie; mais la faction de Marius retarda encore quelques mois cet acte éclatant de juſtice;

enfin

enfin le fils de ce célèbre exilé, sut tellement réchauffer, par le spectacle attendrissant de sa douleur, les cœurs glacés de ses Concitoyens, qu'on vit passer presque unanimement l'acte de son rappel.

Métellus assistait à des jeux, quand on lui apporta les lettres qui lui apprenaient qu'il était rendu à sa Patrie : quoiqu'il s'en doutât, il attendit la fin du spectacle pour ouvrir le paquet, &, à la lecture des lettres, il ne laissa remarquer aucune émotion sur son visage : toujours calme dans la prospérité & dans les revers, toujours maître de lui-même, s'il parut supérieur dans son exil à ses ennemis, il le fut aussi dans son rappel à ceux qui vinrent réparer ses malheurs.

Quand on sut à Rome que Métellus approchait de la Ville, le Sénat, l'Ordre des Chevaliers & la multitude vinrent en foule à sa rencontre : ce jour éclipsa la gloire de ses Consulats & de ses triomphes, & après celui de son exil, où il osa consoler la vertu qui pleurait de sa disgrace, ce fut le plus beau de sa vie.

Marius n'avait pas assez de stoïcisme pour voir en paix le triomphe de l'ennemi qu'il avait persécuté ; dès qu'il sut que Métellus était rappellé, il partit pour l'Asie Mineure, sous le vain prétexte de quelques sacrifices qu'il avait fait vœu d'offrir à la Mère des Dieux, & son génie inquiet & turbulent alla provoquer la fameuse guerre de sa Patrie contre Mithridate.

La mort tragique de Saturnin, ainsi que le sixième Consulat de Marius, tombe il y a 1880 ans, c'est-à-dire, l'an 653 de l'ère du Capitole.

GUERRE SOCIALE (a).

La guerre ſociale ſe confondit ſur la fin avec la guerre civile entre Sylla & Marius : ainſi nous touchons à l'époque de la décadence de la République, époque brillante aux yeux de ces Lecteurs qui aiment à repaître leur curioſité de cataſtrophes ſanglantes, de crimes exécutés avec une ſorte de génies, de proſcriptions qui embraſſent pluſieurs générations de victimes, & de tout ce qui imprime de la grandeur dans la chûte d'une nation qui a mérité de vivre dans la mémoire des hommes.

La guerre ſociale eut pour germe les diſtinctions attachées par l'orgueil au titre

(a) *Tit.-Liv.* Epitom. *Appian.* civil. lib. 1. *Vell. Patercul.* lib. 2. *Flor.* lib. 3. *Oroſ.* lib. 5. *Senec.* de benefic. lib. 2 & 3. *Valer. Maxim.* lib. 8 & 9. *Diod. Sicul.* in excerpt. Valeſ. *Plutarch.* in Sertor. Syll. & Mari.

de Citoyen Romain. Les peuples d'Italie voyant qu'avec ce nom imposant on était l'égal des Rois, firent valoir leurs anciens services auprès de la République, & demandèrent à partager sa souveraineté, puisque sans eux, elle ne serait jamais devenue la Métropole de l'Univers.

Rome qui craignait que ce beau nom de Citoyen fût avili en le rendant trop commun, refusa avec une aigreur qui annonçait son despotisme : alors les Alliés aimèrent mieux être ses ennemis que ses esclaves ; & ils commencèrent une guerre fatale, qui, malgré l'alternative de leurs victoires & de leurs défaites, leur coûta trois cents mille soldats. La vanité de changer de nom n'a jamais fait une blessure aussi profonde à l'espèce humaine.

L'orage couvé sourdement pendant plus de deux siècles, éclata sous le Consulat de Marcius Philippus, neuf ans après le meurtre de Saturnin. Drusus était alors Tribun, c'était le fils de ce Drusus que nous avons vu dans l'Histoire de la conjuration des Gracques, sapper l'autorité de ces Chefs de faction, en se rendant plus populaires qu'eux : il suivit le système de son père, proposa des loix Agraires, autorisa des distributions gratuites de bled, & donna avec une telle profusion, ce qui ne lui appartenait pas, qu'il se vantait lui-même de n'avoir laissé aucune largesse à imaginer à ses successeurs, *à moins qu'ils ne s'avisassent de distribuer l'air qu'on respirait, ou la boue qu'on foulait aux pieds* (*a*). Parmi ces dons absurdes & dangereux, devait être le droit de bourgeoisie accordé aux Alliés. Le Tribun le leur promit, à condition qu'ils l'aideraient à faire passer ses loix, & il osa leur donner le Sénat même pour garant de sa parole.

Le Sénat, qui jusqu'alors n'avait fait que tolérer les entreprises audacieuses du

(*a*) La phrase, à cause du jeu de mots, est plus agréable dans le latin de Florus : *Nihil se adlargitionem ulli reliquisse, nisi quis aut cœnum dividere vellet aut cœlum.*

Tribun, fut très-blessé, qu'on le compromît d'une manière aussi solemnelle auprès des peuples alliés; & il ne fut pas fâché de voir Philippe, le premier de ses Consuls, & le jeune Cépion, braver les outrages, l'exil & la mort, pour éclairer le peuple sur les manœuvres de Drusus, & empêcher la promulgation d'une loi qui allait mettre le feu dans l'Italie.

Philippe, d'une Maison Patricienne, illustre par ses triomphes & ses Consulats, joignait au crédit que lui donnait sa naissance & la Magistrature suprême dont il était revêtu, la réputation d'un des premiers Orateurs de son siècle; il harangua plusieurs fois le peuple pour le prémunir contre l'ambition de son Tribun: mais dans un siècle où il y avait si peu de vrais Romains, son éloquence patriotique devait échouer contre des esprits déjà prévenus: aussi Drusus eut-il assez de pouvoir pour le faire traîner en prison: les satellites de ce Factieux servirent même si bien sa haine par leurs outrages, que le ſang ſortit en abondance des narines de leur victime.

Pour Cépion, c'était un jeune Patricien qui brûlait du deſir d'avoir une grande exiſtence dans ſa République. D'abord il avait été l'ami intime de Druſus, & par un accord coupable entr'eux, contre lequel les mœurs publiques n'avaient point réclamé, ils avaient fait un échange réciproque de leurs femmes; ils ſe brouillèrent dans la ſuite pour une cauſe puérile, pour une bague qu'ils voulaient avoir tous deux dans une vente, & qu'ils firent monter à un prix inſenſé, en s'acharnant ſur l'enchère. A l'époque des nouvelles loix, ils étaient ennemis irréconciliables, & ſous le manteau de l'intérêt de la République, leur animoſité s'accrut à un tel point, que Cépion menaça Druſus du ſupplice de Saturnin, & que Druſus voulut faire précipiter Cépion du haut du roc Tarpeyen, comme un ſcélérat de la claſſe des eſclaves.

Malgré le zèle de Philippe & l'audace

de Cépion, les loix du ſucceſſeur des Gracques, paſsèrent le jour marqué pour en délibérer. Les Alliés ſe rendirent à Rome avec un tel concours, que la Ville fut ſur le point d'être hors d'état de nourrir ſes habitans; cette nuée d'étrangers força tous les obſtacles. Partage de terres, diſtribution gratuite de bleds, érection de nouvelles Colonies, tout fut ordonné conformément aux vues ſéditieuſes de Druſus. Ce fut alors que le Tribun, pour ſubvenir aux nouvelles dépenſes où l'Etat ſe trouvait engagé, eut recours à la reſſource odieuſe d'altérer les monnaies. On prétend qu'il mit dans l'argent un huitième d'alliage.

Druſus était au comble de ſes vœux; les Alliés le preſſaient de tenir ſa parole au ſujet du droit de bourgeoiſie qu'il leur avait promis au nom du Sénat; & comme la Compagnie n'était point dans ces diſpoſitions, le Tribun tergiverſait: après des négociations inutiles, les peuples de l'Italie ſe croyant joués, tentèrent de ſe faire justice eux-mêmes : les plus fougueux de leurs Chefs, proposèrent de massacrer les deux Consuls à une fête solemnelle, où les Latins étaient admis; mais Drusus fut assez généreux pour en avertir Philippe, son ennemi, ce qui fit avorter le complot. Quelque temps après, Pompédius Silo vint à Rome avec dix mille soldats, ayant tous leur épée cachée sous leur toge. Son projet était d'assiéger le Sénat, & de le forcer, par la capitulation, à recevoir ses assaillans au nombre de ses Citoyens. Cependant la conspiration n'eut point son effet : un Patricien, ami de Pompédius, lui représenta que le Sénat était bien disposé, & qu'il accorderait tout à la prière, & rien à la force; cette insinuation adroite engagea les Conjurés à ne rien entreprendre : cependant le mal n'était pas guéri, il n'était que pallié; comme on vit que la République ne cherchait qu'à gagner du temps pour se mettre en défense, on tint, dans toutes les Villes de l'Italie, des assemblées secrettes, on fit des provisions d'armes, & la défection générale fut sur le point de se consommer.

Cependant Drusus, dont l'ambition avait attisé le feu de la guerre sociale, devenait de jour en jour plus odieux: un accident qui lui arriva vers ce temps-là, ne fit que redoubler les allarmes de tous les Citoyens: il avait été sujet, dans sa première jeunesse, à des accès d'épilepsie, & il ne s'en était guéri que par l'usage de l'Ellébore; cependant la cure n'était pas radicale. Un jour qu'il haranguait le peuple avec la plus grande véhémence, il eut une attaque cruelle, & tomba sans connaissance dans la Tribune: revenu à lui-même, il eut, dirai-je, assez de présence d'esprit, dirai-je, assez de scélératesse, pour laisser croire qu'il avait été empoisonné; ce qui exposa ses adversaires, & sur-tout Cépion, à l'indignation de la multitude: la terreur générale fut portée à son comble, par l'intérêt vif que prit l'Italie à cet évènement: toutes les

Villes qui voulaient uſurper, à main armée, le privilège de bourgeoiſie Romaine, allèrent dans les Temples fatiguer les Dieux de leurs plaintes, ſur le prétendu empoiſonnement de Druſus, & firent des vœux publics pour ſa convaleſcence.

Cette fermentation de l'Italie perdit le Tribun : ſes ennemis qui n'oſaient le citer en juſtice, eurent la lâcheté de conſpirer contre ſa vie. Druſus qui avait une ſorte de preſſentiment de ſon malheur, rendit l'accès, auprès de ſa perſonne, infiniment difficile ; mais malgré toute ſa prudence, il ne put échapper à ſa deſtinée : un ſoir qu'il rentrait chez lui avec un cortège nombreux, il fut atteint d'un coup de poignard, dont il mourut preſque ſur le champ. L'aſſaſſin ſe cacha dans la foule, & on ne fit aucune recherche pour le découvrir. Les loix de Druſus, à ſa mort, furent toutes annullées, & le mécontentement de tous les Ordres de la nation attacha le ſceau de l'ignominie à ſa mémoire ; il y a cependant un Hiſtorien qui a fait un éloge accompli de ce Factieux, c'est Velleius Paterculus; mais quand on sait que Tibère était de la Maison de Drusus, & que l'Ecrivain était aux gages du Despote, l'énigme est expliquée.

La mort de Drusus n'étouffa pas dans son germe la guerre sociale : un autre Tribun nommé Varius, qu'on soupçonnait d'avoir été l'assassin de ce Factieux, fit passer une loi, qui ordonnait d'informer contre tout Citoyen, dont les manœuvres avaient porté les Alliés à prendre les armes. Un délit si vague pouvait compromettre une partie de la noblesse : l'Orateur Cotta accusé, fut obligé de se dérober à une condamnation juridique par un exil volontaire; l'Orateur Marc-Antoine ne se tira du danger, qu'en mettant l'expression la plus pathétique dans le tableau de sa douleur. Scaurus, alors accablé sous le fardeau des ans, fut aussi appellé en jugement, mais son courage le sauva. Après avoir écouté, sans l'interrompre, la harangue incendiaire de

Varius contre lui, il se leva, & ne dit que ce peu de mots : *Varius qui n'est Citoyen que d'hier, accuse Scaurus, Prince du Sénat, d'avoir porté les Alliés à la révolte ; Scaurus le nie : il n'existe aucun témoin pour appuyer une pareille délation : qui de Varius ou de Scaurus mérite la foi publique ? Romains, prononcés.* Cette apologie si courte & si pleine de dignité, réduisit le Tribun & sa faction au silence.

Au reste, Varius ne porta pas loin la peine des soupçons odieux que sa loi avait jettés sur une partie de la noblesse. Par une complication singulière d'évènemens, en sortant du Tribunat, il fut convaincu d'avoir lui-même attisé le feu de la guerre sociale, & condamné à l'exil : réduit alors à errer dans l'Italie, les Alliés se vengèrent de sa loi odieuse, & le firent périr au milieu des supplices.

La mort de Drusus & la loi Varia achevèrent d'éclairer les Alliés sur le néant de leurs prétentions : alors ils songèrent férieusement à la guerre. Les discordes intestines de Rome leur donnaient la facilité de conduire à sa maturité leur système d'indépendance, & ils en profitèrent pour former une ligue fédérative, dont le chef-lieu fut Corfinium. La constitution de cette République Italique fut tracée exactement d'après le plan de la République Romaine. On éleva dans la place publique de la nouvelle Métropole, un palais pour un Sénat, qui fut composé de cinq cents Députés de la ligue, & duquel on devait tirer les Magistrats & les Généraux d'armée. Les Chefs de ce Conseil souverain furent deux Consuls, ayant sous leurs ordres chacun six Préteurs; on déféra ce premier Consulat Italique à un Marse, nommé Pompédius Silo, & à un Samnite, que les uns appellait Aponius, & les autres Papius Mutilus. Le premier eut pour département les contrées les plus menacées par les armes de la République.

L'Italie entière entra dans la ligue, à

l'exception des peuples de l'Ombrie, de l'Etrurie & du Latium : on ne parle point ici de la Gaule Cisalpine, qui n'étant point habitée par des Alliés, mais par des sujets, était traitée depuis long-temps en pays de conquête.

La première hostilité commença par le massacre d'Asculum : Servilius commandait dans le pays ; instruit des mouvemens de cette Ville pour se rendre libre, il eut l'imprudence de parler avec toute la hauteur Romaine à ses Magistrats. A l'instant on donne un signal, ce Commandant est égorgé avec son Lieutenant Fonteïus, & tous les Romains qui étaient dans Asculum, sont passés au fil de l'épée.

Rome, à cette nouvelle, fut saisie d'effroi. Le Sénat déclara qu'il y avait *tumulte* ; c'était le terme consacré pour désigner un danger éminent pour la Patrie. Aussi-tôt l'ordre civil fut interrompu ; tous les Tribunaux, à l'exception de la commission pour la loi Varia, furent fermés, le peuple quitta la toge pour l'habit militaire, & la Ville fit des préparatifs de défense comme pour une nouvelle invasion de Brennus : les deux Consuls étaient Julius César, qu'il ne faut pas confondre avec le célèbre Dictateur, & Rutilius Lupus; ils partirent, à la tête des légions. L'Histoire observe que dès cette première campagne, il y eut, de part & d'autre, cent mille hommes sous les armes, sans compter les garnisons des citadelles.

La guerre sociale était proprement une guerre civile, & elle n'en fut que plus atroce; car plus les nœuds qui lient les hommes sont sacrés, plus les haines qui les rompent se portent au dernier degré de violence. Les Alliés, dit-on, n'épargnaient, dans le sac des Villes, ni les vieillards, ni les enfans; ils avaient même imaginé un supplice inoui pour les femmes: c'était de leur arracher la peau de la tête avec ses cheveux : il est hors de doute que les Romains, de leur côté, usèrent, dans toute son étendue, de ce qu'on appelle, dans le code des Cannibales, le droit de représailles; & si nous n'avons pas en ce genre des traits à citer, c'est que les Historiens qui nous ont transmis l'Histoire de cette guerre, l'ont écrite dans un siècle de lumière, & que rougissant des crimes de leurs pères, ils ont cru, par un silence coupable, en absoudre leur mémoire.

Le Consul Rutilius, qui tenait la campagne contre Pompédius Silo, était un homme jaloux de tout talent qu'il n'avait pas, & plus avide de gloire que capable de la mériter: Marius qui servait dans son armée, lui conseilla de traîner la guerre en longueur, pour amener la disette dans le camp ennemi; mais il crut que c'était le conseil d'un ambitieux qui voulait lui succéder; il s'obstina à donner une bataille, & il y périt avec huit mille hommes.

Marius, pendant la mêlée, se trouvait à la tête d'une petite armée d'observation: la vue des cadavres Romains qui flottaient sur une rivière peu éloignée de ses retranchemens, lui fit deviner la témérité du

Consul : il part à l'instant, s'approche du camp des Alliés, le trouve dégarni de troupes, & s'en empare : ainsi les vainqueurs de Rutilius se trouvant sans asyle, sans vivres & sans bagages, furent obligés de passer la nuit sur le champ de bataille.

Le désastre de l'armée Consulaire fut suivi d'un autre, qui ne fut pas moins sensible aux Romains. Cépion commandait, comme Lieutenant de Rutilius, un corps d'armée assez considérable pour tenir la campagne. Pompédius Silo, l'Annibal des Alliés, par la fécondité de ses stratagêmes, vient le trouver pendant la nuit, & s'annonce comme un transfuge. Pour gages de sa foi, il amenait deux otages ; c'étaient deux esclaves qu'il faisait passer pour ses enfans. On voyait aussi dans son char du plomb doré & argenté, qui imitait des lingots d'or & d'argent, & qu'il appellait les tristes débris de sa fortune. Cépion, sur ces preuves suspectes, lui fait le plus grand accueil : alors le fourbe propose au Général Romain de venir attaquer le camp des Alliés pendant que personne n'y commande, & se met lui-même en marche, à la tête des légions: entre les deux camps, était dressé une embuscade; Pompédius, quand il en est proche, se détache, sous prétexte d'observer la contenance des ennemis, mais en effet pour donner à ses soldats le signal convenu. En un moment, Cépion est enveloppé, vaincu & tué, & il ne se sauve du carnage de ses légions, qu'un petit nombre de soldats qui se retirent dans le camp de Marius.

Le Consul Julius, qui commandait une autre armée dans le Samnium, fut plus heureux; il remporta sur l'ennemi une victoire, où six mille soldats des Alliés furent tués; cette journée releva l'espérance de la République; on rouvrit les Tribunaux dans Rome, & les Citoyens quittèrent l'habit militaire pour reprendre la toge.

Marius soutint ces succès de Julius, en battant les Marses; ce Peuple était à la tête de la ligue, & il le méritait par sa réputation de bravoure : c'était un proverbe reçu dans l'Italie, que *Rome n'avait jamais triomphé ni des Marses, ni sans les Marses.* Le vainqueur de Jugurtha eut la gloire de démentir le proverbe ; mais content d'avoir montré, par cet exploit, ce que pouvait la valeur Romaine, quand elle était dirigée par le génie, il ne s'écarta plus, le reste de la campagne, de son système raisonné de circonspection : en vain ses Soldats se mirent-ils à ses genoux, pour les mener à l'ennemi, il resta inébranlable. Pompédius un jour s'avança des lignes Romaines à la portée de la voix, & lui cria : *si tu es un si grand Capitaine, que neviens-tu me combattre?* Marius se contenta de lui répondre, *& toi, si tu es un si grand Capitaine, que ne me forces-tu à combattre?*

Vers le même temps, Rome trouva dans sa politique des moyens, pour abattre la ligue sociale, bien plus efficaces que ceux que lui fournissait la bravoure de ses soldats & le génie de ses Généraux; elle accorda, d'elle-même, le droit de bourgeoisie à ceux des peuples de l'Etrurie, de l'Ombrie & du Latium, qui lui étaient demeurés fidèles. Ce trait d'adresse, par lequel la campagne aurait dû commencer, dénoua insensiblement les liens de la confédération Italienne. La plupart de ses Membres se flattèrent, en posant les armes, d'obtenir le même privilège, & tous mirent dans la guerre, & moins de patriotisme, & moins de vivacité.

L'année suivante, où le Consulat fut déféré à Pompeius Strabo & à Porcius Cato, commença sous d'assez sinistres auspices. Porcius, qui commandait les légions avec lesquelles Marius avait triomphé des Marses, ayant remporté quelques légers avantages sur les Alliés, prétendit que le vainqueur de Jugurtha n'avait pas fait de plus grandes choses que lui; ce mot lui coûta cher: ayant eu l'imprudence d'attaquer un camp des Marses, posté sur les bords du lac Fucin, il fut vaincu & tué. Les mémoires du temps assuraient que le coup qui renversa le Consul, était parti de l'armée Romaine, & tout le monde en accusait le jeune Marius. Ce crime resta impuni, parce que le crédit du père du coupable était assez grand pour faire taire la loi.

Pendant que les Officiers Romains assassinaient impunément leur Consul, les soldats mettaient à mort leurs Généraux. La République avait une flotte & une petite armée d'observation, sous les ordres de Posthumius Albinus, homme violent, impétueux, & qui, sous prétexte d'amour de la discipline, se jouait du sang des hommes : des légionnaires qu'il avait déshonorés, l'accusèrent, dans le camp même, d'intelligence avec les ennemis, soulevèrent les troupes, & on l'assomma à coups de pierres. Sylla prit le commandement de cette armée toute couverte du sang de son Général, & se croyant en sûreté au milieu d'un si grand nombre d'assassins, il ne songea pas même à tirer vengeance du meurtre de Posthumius.

Tirons un moment le rideau sur toutes les atrocités de ces hommes libres, pour nous occuper de quelques leçons de courage & de grandeur d'ame que leur donnèrent des esclaves. C'est l'instituteur de Neron qui nous a conservé les anecdotes qu'on va lire, car les Appien, les Velléius & les Florus, ont trop sucé avec le lait l'orgueil Romain, pour croire que des hommes, qui n'étaient pas leurs concitoyens, pussent occuper une place dans l'Histoire.

Vettius, un des Généraux des Alliés, avait été fait prisonnier; on le conduisait au Consul, & son ame fière s'indignait d'être destiné à orner la pompe d'un triomphe : un de ses esclaves, qui lut dans ses regards ce qui se passait dans son ame, arrache l'épée du soldat qui le traînait au camp des Romains, & tue Vettius, puis dirigeant la pointe du fer sur son cœur, *j'ai mis*, dit-il, *mon maître en liberté :*

il est temps de penser à moi ; alors il se perce & tombe mourant aux pieds de Vettius, qu'un mouvement vague & machinal le porte encore à embrasser. *Quel esclave*, s'écrie le Philosophe qui nous sert de guide, *a jamais délivré son maître d'une façon plus sublime ?* (a)

Le trait du sac de Grumentum me paraît encore plus héroïque ; au moment où cette Ville de la Lucanie était réduite aux abois, deux esclaves passèrent dans le camp des assiégeans & y furent accueillis ; la place le lendemain fut prise d'assaut, & le soldat Romain, irrité d'une trop longue résistance, jura de tout exterminer. Pendant que le vainqueur, le fer & la flamme à la main, parcourait les rues de cette Ville infortunée, les deux esclaves prirent les devants, & par des routesqui leur étaient familières, se rendirent à la maison où ils avaient servi ;

(a) *Da mihi quemquam qui magnificentius dominum servarit.*

ils en tirèrent, avec une dureté feinte, leur maîtresse, & la firent marcher devant eux, chargée de fers, publiant par-tout que c'était une Mégère, une femme cruelle, qu'ils menaient au supplice; après l'avoir conduite hors des remparts, ils la cachèrent avec le plus grand soin, jusqu'à ce que la première fougue des légions fût passée : le soldat rassasié de meurtres reprit en effet, quelques jours après, les anciennes mœurs Romaines, & alors les esclaves reprirent leur premier état, & se rendirent dans l'esclavage de leur maîtresse, qui paya un pareil service, en leur donnant à tous deux la liberté: ce qu'il y a de plus noble dans ce trait, dit le sage que j'analyse, c'est que pour sauver la vie à leur maîtresse, ces hommes généreux laisèrent croire qu'ils la lui avaient ôtée. Quand on a le courage d'acheter une bonne action, en se faisant passer pour criminel, on n'a sûrement pas l'ame d'un esclave.

Il est à présumer, quoique l'Histoire ne

le dise pas formellement, que cette ville de Grumentum, qu'on ne connaît que par la magnanimité de deux esclaves, fut prise par Sylla : ce Général, que nous ne tarderons pas à dessiner de face, se fit une renommée pendant la guerre sociale, il mit le comble à une victoire sur les Marses, que Marius avait laissée imparfaite; il s'empara de Bovianum, malgré ses trois citadelles, détruisit Stabies, fut honoré près de Nole d'une couronne obsidionale, &, en deux combats différents, passa au fil de l'épée cinquante mille Samnites commandés par Cluentius. Eutrope ajoute, à cette dernière anecdote, une circonstance bien merveilleuse, c'est que les Romains, qui tuèrent cinquante mille soldats, ne perdirent qu'un seul homme; il est vrai qu'on est dispensé de croire, sur la foi d'Eutrope, un fait absurde, qui ne serait pas même rendu vraisemblable par l'autorité d'un Tacite.

Sylla détruisit la considération personnelle qu'il devait à ses exploits, par la haine qu'il voua à Marius, & sur-tout par le coup terrible qu'il porta à la constitution Romaine, en achetant l'affection des troupes qu'il commandait, aux dépens de la discipline. Il est, en effet, le premier des Généraux de la République qui osa se substituer, pour ainsi dire, aux droits de la Patrie, en sorte que les soldats des légions devinssent les soldats de Sylla, plutôt que ceux du peuple Romain : voilà le vrai germe des guerres civiles des deux Triumvirats, qui finirent par rendre la Capitale du Monde, le patrimoine d'un Despote.

Sylla n'eut pas la gloire d'abattre toutes les têtes de l'Hydre qu'on lui avait donnée à combattre. Le Consul Pompeïus Strabo. fit cent fois plus de mal que lui aux Alliés ; il remporta sur les Marses une grande victoire ; il réduisit les Peligniens & les Vestiniens à poser les armes ; mais la prise d'Asculum fut l'exploit le plus mémorable de sa campagne. Cette place était si importante, qu'on envoyait des armées de soixante mille hommes pour l'attaquer ou pour en faire lever le siège. Judacilius, un des Généraux des Alliés, à la fin s'enferma dans ses remparts, & proposa à ses habitans de s'ensevelir sous ses ruines; sa bravoure ne trouva que de froids admirateurs: aussi quelques heures avant le dernier assaut, ayant vainement proposé à ses amis, de prévenir par une mort volontaire le spectacle du désastre de leur Patrie, il prit du poison, & se fit porter aussi-tôt sur un bûcher, dont les flammes achevèrent de lui ôter la vie. Pompeïus, peu après, entra par la brêche dans Asculum, & fit essuyer à cette Ville malheureuse, toutes les horreurs de la guerre. Les principaux Citoyens & tous les Officiers de la garnison, furent battus de verges, & ensuite eurent la tête tranchée: on laissa la vie au reste des habitans, mais après leur avoir enlevé leurs patrimoines, leurs trésors & leurs esclaves. Le dernier jour que le vainqueur resta dans la Ville, il la fit raser jusques dans ses fondemens.

Pompeïus triompha des peuples qu'il avait soumis. Entre les prisonniers qui suivaient son char, on distinguait Ventidius, fils d'un des Généraux les plus célèbres de la ligue, & par une bizarrerie d'évènemens qu'on ne rencontre que dans l'Histoire des Républiques, ce même Ventidius que nous voyons aujourd'hui traîné en triomphe dans Rome, triompha lui-même un demi-siècle après dans cette même Ville, où il y avait encore tant de témoins de son ancienne ignominie.

Pompédius Silo, dans son système que Rome ne pouvait être vaincue que par le Peuple qui adopterait ses mœurs & sa constitution, donna aussi aux Alliés le spectacle d'un triomphe; il venait de reprendre Bovianum, dont la conquête avait le plus flatté l'ambition de Sylla, & il y entra sur un char superbe, traînant à sa suite quelques Officiers Romains chargés de chaînes ; mais la Religion Romaine, encore superstitieuse, parce qu'elle n'avait été éclairée, ni par les livres philosophiques de Ciceron, ni par les pensées de Marc-Aurele, trouva dans le trophée que venait de s'ériger Pompédius, un présage infaillible de sa future défaite. Les augures disaient gravement, que pour être heureux, il fallait triompher dans un Ville victorieuse, & non dans une Ville vaincue ; & ces apôtres de l'erreur triomphèrent eux-mêmes, parce que le hasard parut accomplir leur prophétie : en effet, peu de temps après son entrée pompeuse dans Bovianum, Pompédius fut vaincu & perdit la vie sur le champ de bataille.

Avec Pompédius disparut toute la gloire dont les peuples qu'il gouvernait s'étaient couverts : depuis cette époque la guerre sociale ne fit plus que languir, & nous allons voir les restes de la confédération, se confondre avec le parti de Cinna & de Marius.

Comme à mesure que les Alliés posaient les armes, on leur accordait le droit de Bourgeoisie tant demandé, il se trouva qu'au temps de la mort de Pompédius, il n'y avait guères dans toute l'Italie, que les Lucaniens & les Samnites, qui n'étaient pas Citoyens Romains. Comme il n'était pas prudent de distribuer cette multitude immense dans les trente-cinq anciennes Tribus, parce que ces nouveaux venus, adoptés par indulgence, auraient écrasé, par leur nombre, ceux de qui ils tenaient leur privilège, on prit le parti de créer huit nouvelles Tribus, dans lesquelles on renferma tous les Alliés. Ce plan conserva aux vrais Citoyens de Rome leur supériorité ; car ayant trente-cinq voix contre huit, & opinant les premiers, ils formaient presque toujours la pluralité avant que les aggrégés fussent appellés au suffrage.

Telle fut l'issue de la guerre sociale. Rome victorieuse, fut obligée d'accorder aux vaincus ce qui était l'objet même des discordes. Si sa politique eût été clairvoyante, elle aurait pressenti que tôt ou tard il faudrait plier, & elle aurait, dès l'origine, fait ses Citoyens d'Alliés fidèles, qui l'avaient aidée à subjuguer le Monde; ce qui aurait sauvé à l'Etat deux campagnes meurtrières, où, en comptant la perte des Romains & celles des Peuples qui devaient le devenir un jour, les champs de bataille furent arrosés du sang de quatre cents mille hommes.

COMMENCEMENS DE SYLLA. PARADOXES SUR CET HOMME EXTRAORDINAIRE (a).

« SI je ne suis plus en spectacle à l'U-
» nivers, c'est la faute des choses hu-
» maines, qui ont des bornes, & non
» pas la mienne. J'ai cru avoir rempli ma
» destinée, dès que je n'ai plus eu à faire de
» grandes choses; je n'étais point fait pour
» gouverner tranquillement un peuple es-
» clave : j'aime à remporter des victoires,
» à fonder ou à détruire des Etats : mais

(a) *Plutarch.* in Syll. Mar. Pompeï. & Sertor. *Appian.* de bell. civil. lib. 1. *Vell. Patercul.* lib. 2. *Valer. Maxim.* lib. 3, 6 & 9. *Cicer.* in Catilin. & pro Sext. *Plin.* Histor. Natur. lib. 8. *Senec.* de brevit. vit. *Diodor. Sicul.* lib. 38. & in excerpt. Valef. *Tacit.* Histor. lib. 3. *Oros.* lib. 5. *Œuvres de Montesquieu*, Dialogue de Sylla & d'Eucrate. Nous n'avons pas d'autres guides pour les chapitres qui suivent.

» pour ces minces détails de gouverne-
» ment, où les génies médiocres ont tant
» d'avantages, cette lente exécution des
» loix, cette discipline d'une milice tran-
» quille, mon ame ne saurait s'en oc-
» cuper.

» Je n'eus jamais cet amour dominant
» pour la Patrie, dont nous trouvons
» tant d'exemples dans les premiers temps
» de la République & j'aime autant
» Coriolan, qui porte la flamme & le fer
» jusqu'aux murailles de sa Ville in-
» grate, qui fait repentir chaque Ci-
» toyen, de l'affront que lui a fait cha-
» que Citoyen, que celui qui chassa les
» Gaulois du Capitole. Je ne me suis jamais
» piqué d'être l'esclave, ni l'idolâtre de la
» société de mes pareils : cet amour tant
» vanté, est une passion trop populaire,
» pour être compatible avec la hauteur
» de mon ame; je me suis uniquement con-
» duit par le mépris que j'ai eu pour les
» hommes. On peut juger par la manière
» dont j'ai traité le seul grand Peuple de

» l'Univers, de l'excès de ce mépris pour
» tous les autres.

» J'ai cru qu'étant sur la terre, il
» fallait que j'y fusse libre. Si j'étais né
» chez les Barbares, j'aurais moins
» cherché à usurper le trône, pour com-
» mander, que pour ne pas obéir. Né
» dans une République, j'ai obtenu la
» gloire des Conquérans, en ne cher-
» chant que celle des hommes libres.

» Lorsqu'avec mes soldats je suis
» entré dans Rome, je ne respirais, ni
» la fureur, ni la vengeance. J'ai jugé
» sans haine, mais aussi sans pitié, les
» Romains étonnés : vous étiez libres,
» ai-je dit, & vous vouliez vivre esclaves?
» Non, mais mourés, & vous aurez l'a-
» vantage de mourir Citoyens d'une Ville
» libre. »

C'est ainsi que Sylla se peint lui-même dans une opuscule du président de Montesquieu ; il semblerait à l'entendre, que ce Romain terrible fut un de ces hommes à grand caractère, qui comme les Comètes à longs périodes, ne paraissent qu'après un intervalle de plusieurs siècles pour donner une nouvelle face au monde. Il semblerait que tout ce qu'il fit d'extraordinaire, fut le résultat d'un système suivi; qu'entraîné par la passion dominante de la gloire, il eut le courage de l'acheter par les plus sublimes sacrifices : mais ce Sylla de Montesquieu n'a presque rien de commun avec celui de Plutarque & des Historiens de l'Antiquité; l'illustre Auteur de l'Esprit des Loix a trop ennobli les causes des révolutions Romaines; il a cru que les grands Empires ne se bouleversaient qu'avec le génie, & d'après ce principe, contre lequel l'Histoire entière réclame, il a donné son propre génie au farouche ennemi de Marius.

Le Sylla de l'Antiquité, qui n'est point celui de notre Philosophe, était d'une Maison Patricienne; un de ses Ayeux avait été Consul & Dictateur, mais les Censeurs ayant trouvé chez lui plus de quinze marcs de vaisselle d'argent, contre la Loi Somptuaire qui le défendait, il fut chassé du Sénat avec ignominie. Cet affront fut une tache pour sa famille ; aussi pendant un siècle & demi, on ne vit aucun de ses descendans dans la carrière des honneurs. Cette Maison Cornélia était presqu'oubliée, quand Sylla vint usurper le timon de la République.

Sylla avait une physionomie qui annonçait la rudesse de son ame ; son regard sauvage, son teint couperosé, sa démarche hautaine, tout faisait entendre que s'il devait régner un jour, ce ne serait que par la terreur, & il ne démentit point ces présages sinistres.

Il naquit très-pauvre ; ce qui l'empêcha de recevoir cette éducation qui adoucit les mœurs & élève l'ame en lui donnant du ressort. Le contraste de sa misère primitive, avec l'opulence qu'il étala avec faste dans sa Dictature, est un des phénomènes qui frappa le plus dans la suite les victimes de son ambition. Dans le temps des proscriptions, le fils d'un Affranchi se vit condamné au supplice pour avoir caché dans sa maison un Citoyen, dont Sylla avait mis la tête à prix. Près d'être précipité du haut de la roche Tarpeyenne, il se rappella que le Dictateur avait autrefois logé avec lui dans la même maison : qu'il tenait le premier appartement pour trois mille sesterces de loyer, & lui-même, petit-fils d'esclave, pour deux mille : *Hélas*, s'écria-t-il, *il n'y a cependant que mille sesterces de différence entre ce tyran qui règne, & moi qu'on envoie au supplice.*

L'opulence de Sylla commença par une voie bien vile ; il était devenu éperduement amoureux d'une Courtisane nommée Nicopolis, qui le fit son héritier. Cette succession inattendue lui donna des ressources, non pour mériter les suffrages des Citoyens qui dispensaient les honneurs, mais pour les acheter.

Toute la jeunesse de Sylla n'offre que le tableau dégoûtant de son libertinage ; il passait les jours & les nuits avec d'indignes histrions, avec qui il faisait assaut de tous les excès, dont l'antiquité a flétri la mémoire de Sardanapale. Cette dépravation de mœurs ne s'affaiblit point par les fatigues d'esprit qu'entraîna, dans la suite, le soin de conserver la Toute-Puissance. Sylla, maître de la République, faisait asseoir à sa table un ramas de Bateleurs & d'Eunuques, à peine faits pour servir aux plaisirs d'une grossière populace; & ce qui était encore plus honteux pour le nom Romain, il s'en laissait gouverner. Jamais les Despotes dégradés, qu'on vit s'asseoir en Orient sur les trônes de Cyrus & de Sémiramis, ne prostituèrent, d'une manière plus ignominieuse, le pouvoir absolu qu'ils tenaient de l'inertie des peuples, dont le hasard les avait fait Souverains.

Sylla joignait à l'amour des Courtisanes, un faible abominable pour de vils Ganymèdes; il fut épris, dès son adolescence, pour le Comédien Métrobe,

& l'âge ni les jouissances de l'ambition ne le corrigèrent point ; de cette pente effrénée à tout ce que l'homme dégradé appelle des plaisirs, naquit une maladie d'intempérance, dont le farouche Dictateur fut tourmenté toute sa vie, & qui hâta, heureusement pour la terre sur laquelle il pesait par ses crimes, la fin de sa carrière.

Quant au système réfléchi de politique profonde que lui prête Montesquieu, on peut en juger par un trait des Mémoires de sa vie, que l'antiquité nous a conservé : ce tyran célèbre avait écrit ; *Que quand il pesait mûrement ses actions, elles ne lui réussissaient presque jamais, ce qui l'avait engagé à se laisser aller à l'impulsion aveugle de la fortune :* en un mot, Sylla fut heureux, en prit le nom, n'envia pas d'autre renommée, & ce serait prostituer le génie, que de supposer qu'il présida à une révolution qui ne demandait que de l'audace dans le Chef, & de la pusillanimité dans ses victimes.

Sylla avait si peu le génie qui fait entreprendre les grandes choses, que toutes les rêveries de la superstition la plus absurde trouvaient entrée dans son intelligence : il conseillait à Lucullus, dans les mêmes Mémoires de sa vie que nous venons de citer, d'ajouter la foi la plus entière aux songes ; cette branche de l'art augural formait à-peu-près toute la religion de cet homme de sang, qui d'ailleurs ne sembla jamais reconnaître d'autre Dieu, que le génie de la destruction.

« Un jour, disait cet homme, malheureusement trop célèbre, pendant » que je partais, par l'ordre du peuple » Romain, pour combattre les Alliés, » il s'ouvrit tout d'un coup, près d'un » lieu nommé Laverne, un grand abîme, » d'où il s'éleva des tourbillons de flammes » qui se portèrent jusqu'aux nuages ; on » consulta les Devins sur un pareil prodige, & ils répondirent que le phénomène désignait un guerrier plein de » valeur & d'une beauté rare, qui pren-

» drait en main le pouvoir abſolu, pour
» empêcher l'Etat de ſe renverſer ſur lui-
» même. — Ce guerrier plein de valeur
» & d'une beauté rare, c'eſt moi. »

Quand on apprend par l'Hiſtoire que ce guerrier, d'une beauté rare, avait les yeux hagards, l'aſpect ſauvage & le teint couperoſé, on conçoit jusqu'à quel période d'extravagance peut aller la préſomption, dans un de ces êtres, d'une nature biſare, qu'on appelle un Deſpote.

C'eſt aſſez peindre ce coloſſe terrible; il eſt temps de le faire mouvoir. Sylla fit ſa première campagne ſous Marius, dans la guerre de Numidie; nous avons vu le ſuccès qu'eut ſon ambaſſade auprès de Bocchar, Roi de Mauritanie: c'eſt lui qui détermina ce Prince à trahir la foi qu'il devait à ſon gendre, & à le livrer au peuple Romain: il était même ſi glorieux de cet évènement, dont un grand homme des beaux ſiècles de la République aurait rougi, qu'il le fit graver ſur un anneau qui lui ſervait de cachet. Marius le fut, & en fut jaloux; cependant, dit Plutarque, faisant réflexion que Sylla était un trop mince personnage pour exciter l'envie, il continua à s'en servir à la guerre : on conçoit avec peine comment il existait, parmi des Républicains, *un mince personnage*, pour un soldat de fortune tel que Marius.

Sylla se distingua encore plus dans la guerre contre les Cimbres que dans celle de Jugurtha : au reste, quand il avait les armes à la main, il semblait dans son élément; la Patrie l'autorisait à étancher la soif qu'il avait du sang des hommes.

De retour à Rome, après la destruction des Cimbres, Sylla demanda la Préture, & la demanda avec hauteur, comme le prix légitime de ses services : il fut fusé : l'année suivante, instruit par son affront, il eut recours aux manières populaires, & on le nomma. Une plaisanterie d'un Sextus César, ferait croire que son argent contribua, encore plus que ses adulations, à lui concilier les suffrages ; le nouveau Préteur menaçait ce Patricien d'user, contre lui, du pouvoir de sa charge : *Il a raison*, répondit Sextus avec le sourire de l'ironie, *sa Charge est bien à lui, puisqu'il l'a achetée.*

Sylla se concilia la bienveillance de la multitude dans sa Préture, par les spectacles variés qu'il lui donna : on remarque qu'il fut le premier qui lâcha des lions déchaînés dans l'arène ; il en fit combattre cent à la fois, que Bocchar, Roi de Mauritanie, lui avait envoyés d'Afrique.

Après sa Préture, on l'envoya avec des troupes en Cappadoce, sous prétexte de rétablir Ariobarzane sur son trône, mais en effet, pour surveiller de près la vaste ambition de Mithridate. Il réussit à rendre la Cappadoce à son Roi détrôné, mais le Machiavélisme de Mithridate échappa à son génie.

Pendant qu'il était campé sur les bords de l'Euphrate, un Parthe, nommé Orobase, Ambassadeur du Roi Arsace, vint lui demander, au nom de son Souverain, son amitié & l'alliance de la République : c'était pour la première fois que Rome & l'Empire des Parthes se rencontraient dans le cours de leurs conquêtes. Sylla soutint, dans cette entrevue, l'orgueil du nom Romain ; il avait fait placer dans sa tente trois sièges élevés ; il prit pour lui celui du milieu, & donna les deux autres à Orobase & au Roi Ariobarzane. Il en coûta cher à l'Ambassadeur Parthe d'avoir souffert qu'un simple Propréteur se mît ainsi au-dessus du Représentant des Rois ; son Souverain à son retour, l'envoya au supplice.

On prétend qu'une espèce d'Astrologue de la suite d'Orobase, ayant envisagé Sylla, tira tout de suite son horoscope, & s'écria dans son enthousiasme prophétique : *Il est dans les décrets immuables du Destin, que cet homme deviendra très-grand ; & je m'étonne comment dès à présent il peut souffrir de n'être pas le premier personnage de l'Univers.* On se doute bien que ce ne fut qu'après la Dictature de Sylla, qu'on se rappella, ou peut-être qu'on osa imaginer un pareil horoscope.

De retour à Rome, Sylla se vit accusé de péculat, pour avoir vexé la Cappadoce par ses brigandages ; mais il eut assez d'adresse pour assoupir cette affaire, & il n'y eut point de jugement.

La guerre sociale éclata quelque temps après, & Sylla y fit, toujours sans génie, des choses assez mémorables. Plutarque dit que s'il y acquit la réputation de grand Général dans l'esprit de ses Concitoyens, il n'y obtint que celle de Général heureux dans l'esprit des ennemis : la tranquillité avec laquelle il succéda à Albinus, assassiné par ses propres soldats, n'annonce en lui aucun patriotisme. Quant à l'expédition même contre les Alliés, malgré les exploits de Sylla, c'est au Consul Pompeïus Strabo qu'est dû l'honneur de l'avoir terminée.

Cette guerre sociale acheva de dévoiler, aux yeux des Romains, l'homme dangereux qui croissait pour leur ruine. Ici je cesserai d'analyser Plutarque pour le transcrire : « Sylla, dit le Philosophe de Cheronée, (que l'illustre Montesquieu a » sans doute dédaigné de lire, quand il » a voulu donner son propre génie au » rival farouche de Marius), Sylla, dis-» je, se montra dans l'expédition contre » les Alliés, très-inégal dans son carac-» tère : envahir sans pudeur & donner » sans motif, distribuer avec une égale » bizarrerie les plus grands honneurs & » les plus sanglans affronts, ramper avec » bassesse auprès des hommes dont il » avait besoin, & rebuter, avec la dureté » la plus dédaigneuse, ceux qui avaient » besoin de lui : voilà quelle fut son » existence politique ; de sorte qu'on ne » pouvait dire si la nature l'avait plutôt » fait pour être le plus insolent des Des-» potes, que le plus abject des adu-» lateurs. »

Les services de Sylla plaidèrent sa cause plus éloquemment que les travers de son caractère; & l'année qui suivit l'espèce de paix qu'on accorda aux Alliés, il fut élu Consul avec Pompeius Rufus; il avait alors cinquante ans: le jour de sa nomination, il épousa en quatrième nôces Cécilia, fille du grand Pontife Métellus. Une pareille alliance causa beaucoup de rumeur dans Rome; car le peuple ne jugeait pas digne d'une telle femme le Citoyen qu'il avait jugé digne du Consulat: aussi la Ville fut inondée d'épigrammes contre Sylla, le jour qu'il célébra son mariage.

Ce Consulat de Sylla fait une grande époque, à cause des guerres civiles qu'il amena; & il mérite d'être traité à part dans une Histoire de la République.

CONSULAT

CONSULAT DE SYLLA. GUERRE CIVILE. PRISE DE ROME PAR UNE ARMÉE CONSULAIRE.

Ce fut la guerre de Mithridate qui, par un contre-coup funeste, amena la guerre civile. Marius & Sylla ambitionnaient tous deux la gloire de triompher de ce superbe ennemi du nom Romain : personne n'était surpris des prétentions du dernier ; il était dans toute la vigueur de l'âge ; il venait de se distinguer dans la guerre sociale, & en qualité de Consul, il se trouvait Général né des armées de la République.

Pour Marius, alors septuagénaire, il n'avait d'autres titres, que son ambition & sa manie d'entasser sur sa tête toutes sortes de couronnes, passions qui ne vieillissent jamais dans l'homme turbulent, que son génie n'a pas rendu Philosophe ; quand il vit que Rome, à qui il commençait à peser, oubliait ses anciens services, il cabala, pour obtenir par l'intrigue, ce qu'il ne pouvait se flatter de devoir à son génie ou à sa vertu.

Il y avait alors dans le Tribunat un nouveau Saturnin, un Sulpicius, homme fait pour être chef de parti dans un état dégradé ; mêlange révoltant d'avarice sordide & de prodigalité fastueuse ; de bassesse & d'audace, il exécutait de sang froid des crimes même inutiles, & le remord n'approcha jamais de son ame scélérate : comme il avait besoin d'or pour soudoyer les satellites de son despotisme, il vendait avec un front d'airain le droit de Bourgeoisie au milieu de la place publique, soit à des Barbares, soit à des enfans d'Esclaves. L'homme de bien osa élever sa voix patriotique, & il étouffa les murmures, en publiant qu'il avait sous ses ordres trois mille assassins ; il forma aussi un bataillon de six cents jeunes Chevaliers Romains, qu'il appellait l'anti-Sénat, & qui lui servait de cortège ; tel est l'homme que le vainqueur de Jugurtha & des Cimbres choisit pour son second, dans la guerre abominable qu'il méditait contre la République.

Plutarque, qui met toujours les mommeries de l'art des augures, à côté du tableau des grands crimes, fait précéder par un présage la rupture entre Sylla & Marius : pendant que le Sénat, dit-il, était assemblé dans le Temple de Bellone, un moineau prit tout-à-coup son essor au milieu de la compagnie, portant dans son bec une cigale, qu'il partagea en deux ; une moitié tomba sur le pavé du Temple, & l'oiseau emporta l'autre à tire d'aîle : les Devins consultés annoncèrent une discorde sanglante entre les divers ordres de l'Etat ; & assurément, à voir l'état de crise où Rome se trouvait, pour prédire une guerre civile, il était inutile de prendre les auspices, ou de lire dans les feuilles des Sybilles.

Sylla reçut du Sénat le département de la guerre contre Mithridate, & on lui enjoignit de partir, dès qu'il aurait nettoyé la Campanie d'un reſte de Samnites, qui tentaient de réchauffer les cendres de la guerre ſociale: à peine avait-il joint ſes légions, que Marius & Sulpicius cabalèrent pour le faire dépouiller par le peuple, du département que le Sénat lui avait donné: le Tribun, pour ſe rendre maître des ſuffrages, commença par propoſer une loi, qui tendait à diſtribuer dans toutes les Tribus, les nouveaux Citoyens aggrégés depuis la guerre ſociale: c'était livrer la Souveraineté de Rome à des Marſes, ou à des Samnites; Sylla, rappellé par le Sénat pour éluder ſans bruit les fureurs Tribunitiennes, publie une ordonnance qui interdit pendant pluſieurs jours toute aſſemblée publique, ſuſpend les affaires & ferme les Tribunaux; en même temps il va avec Pompeïus Rufus, ſon Collègue, haranguer la multitude devant le Temple de Caſtor, pour ramener à la concorde des eſprits aliénés. Sulpicius ne donna pas le temps au Consul de consommer son ouvrage; il survient dans la place avec ses satellites, armés de poignards, & leur donne l'ordre de frapper, au premier signal, les ennemis de Marius, sans épargner personne, pas même les premiers Magistrats; ensuite il attaque l'ordonnance de Sylla, & lui enjoint, avec menaces, de la révoquer; on dispute avec aigreur, le tumulte s'échauffe, alors les assassins, aux gages du Tribun, tirent leurs poignards & égorgent un grand nombre de Citoyens, entr'autres le fils du Consul Pompeïus, qui était en même temps gendre de Sylla: tout fuit, tout se disperse, les Sénateurs se perdent dans la foule, & Sylla, abandonné, ne trouve d'asyle que dans la maison de Marius.

Ici la tradition Romaine se partage la faction de Marius prétendait que le Consul, poursuivi avec chaleur, était entré de lui-même dans la maison de son plus mortel ennemi, aimant à croire que le conquérant de la Numidie savait vaincre, & non assassiner; & qu'en effet ce dernier avait eu la générosité de le faire sortir par une porte de derrière; mais Sylla donne une autre couleur à cet évènement dans les Mémoires de sa vie: suivant son récit, Sulpicius l'avait fait entourer de ses satellites, qui, l'épée nue à la main, l'avaient conduit à la maison de Marius, & après une capitulation dont on lui avait dicté les articles, ils l'avaient ramené à la place publique pour y révoquer son ordonnance. Quelle que soit l'opinion qu'on adopte, (car comment entendre la vérité au milieu du tumulte des factions?) il est certain, du moins, que Sylla plia, & que craignant pour sa vie, il alla se remettre en Campanie à la tête de son armée.

Sulpicius, maître du champ de bataille, fit passer sa loi, & le jour suivant le peuple annullant l'ancien Senatus-Consulte, donna à Marius le commandement de l'armée contre Mithridate.

Dans un temps de trouble & de faction, on ne dépouille pas avec un simple décret le Chef d'un état, qui se voit à la tête d'une armée : Sylla assembla ses soldats, & mit assez d'adresse dans sa harangue, pour que l'idée d'aller faire le siège de Rome, ne parût pas venir de lui-même : ce furent les légions qui demandèrent à grands cris de marcher contre leurs Concitoyens, & elles coloraient ce premier des attentats, du prétexte de renverser d'un seul coup les tyrans & la tyrannie.

Au moment où les soldats étaient le plus échauffés, parurent des Tribuns militaires chargés de prendre possession de l'armée, au nom de Marius : on se jette aussi-tôt sur eux, & on les assomme à coups de pierres ; Sylla ne s'opposa point à cette violence : il sentait que les soldats s'enchaînaient par-là à sa conspiration contre la République, & qu'en tirant l'épée ils jettaient au loin le fourreau.

Cependant le grand nom de Patrie, parlait encore à quelques ames bien nées ; la veille du départ de l'armée, tous les

Officiers Généraux, tous les Tribuns militaires, tous les Commandans de cohortes se retirèrent, & il ne resta auprès de Sylla, que son Questeur; on ne s'attend pas à cette courageuse unanimité, au temps de la décadence de la République.

Marius & Sulpicius, instruits de l'assassinat de leurs Tribuns, usèrent de représailles, firent mourir les amis de Sylla, & abandonnèrent leurs maisons au pillage.

Sylla sur ces entrefaites, s'avançait à grandes journées: il amenait avec lui six légions, formant trente mille hommes de pied & cinq mille chevaux: le Sénat, que la faction de la Ville tenait en captivité, envoya les Prêteurs Brutus & Servilius, pour lui défendre, au nom de l'Etat, d'approcher des remparts, mais le Consul, toujours caché derrière le rideau, laissa ses soldats faire sa réponse, & cette réponse fut de se jetter sur les Prêteurs, de leur arracher leurs Prétextes, & de briser leurs faisceaux; on leur laissa la vie pour effrayent Rome de la perspective de ses longs malheurs.

Cependant Sylla se voyant près du Tibre, sentait quelques remords ; mais à en croire Plutarque, il apperçut en songe une Déesse, dont les Romains avait emprunté le culte de la Cappadoce : elle mettait dans ses mains la foudre qu'elle portait, & lui nommant tous ses ennemis les uns après les autres, elle lui commandait de frapper, & à l'instant il les voyait tomber & disparaître. Ce rêve détermina le nouveau Coriolan, & il se présenta devant Rome avec tout l'appareil d'un conquérant qui veut la prendre d'assaut.

Comme Sylla s'annonçait en ennemi de la Patrie, il fut reçu en ennemi par ses Concitoyens ; la multitude, montée sur les toîts, faisait pleuvoir sur les soldats des légions une grêle de pierres & de tuiles, qui les força à reculer jusqu'à l'enceinte des remparts : le Général forcené crie alors aux siens de mettre le feu à la Ville, & lui-même, pour leur donner l'exemple, s'armant d'une torche ardente, la jette dans une maiſon voiſine des murailles; ce ſpectacle affreux fit ſon effet. Les Citoyens étaient agguerris contre l'épée de Sylla, mais non contre les ravages d'un incendie; ils abandonnèrent la défenſe de la Ville, & les légions entrèrent au ſon des trompettes & enſéignes déployées, comme Scipion ſur les ruines de Carthage.

Marius qui avait été pouſſé, toujours en combattant, juſques dans le Temple de Tellus, fit publier, à ſon de trompe, qu'il donnerait la liberté à tous les eſclaves qui viendraient le défendre : il ne s'en préſénta que trois; alors il alla chercher un aſyle dans le Capitole, & peu de temps après ne ſe croyant pas encore en ſûreté dans un poſte où une poignée d'hommes avait autrefois bravé les innombrables compagnons de Brennus, il ſe détermina à mettre les mers entre lui & le conquérant de Rome.

Cependant Sylla parut uſer d'abord avec

modération de son abominable victoire ; maître de la Ville, il la sauva du pillage ; mais il ne voulait, par cette feinte douceur, que sonder les esprits ; voyant autour de lui le calme de l'esclavage, il songea à assouvir sa vengeance : il entra dans le Sénat, l'œil étincelant de fureur, & proposa de déclarer les deux Marius, père & fils, le Tribun Sulpicius, & neuf membres de la compagnie, ennemis de la République. Tout le monde gardait le silence de la terreur ; Scévola le rompit le premier : « Tu crois, Sylla, dit ce vieillard vénérable, m'effrayer par la vue des soldats qui entourent ce Temple auguste, & qui viennent, l'épée à la main, maîtriser nos suffrages : je suis plus Romain que tu ne l'imagines : non jamais l'idée de conserver les faibles restes d'une vie qui s'éteint, ne me portera à une bassesse ; tant que ce sang, à demi-glacé, coulera dans mes veines, tu ne me forceras pas à déclarer ennemi de la Patrie, le vainqueur des

» Cimbres & des Teutons, sans qui la
» Patrie n'existerait pas. »

Ce trait de courage fut admiré de tout le monde, mais personne ne l'imita : ainsi le décret de proscription passa presque l'unanimité : on confisqua les biens des victimes de Sylla, & on promit une récompense à l'homme vil, soit libre, soit esclave, qui apporterait leurs têtes.

Le premier sang qui fut répandu, en vertu du décret de proscription, fut le moins regretté : c'était celui de Sulpicius, un des artisans des discordes publiques. Ce Tribun s'était caché au premier bruit de la victoire de Sylla sur la Patrie, mais un de ses esclaves le décela ; il fut pris, égorgé, & sa tête placée au bout d'une pique sur la Tribune aux Harangues.

Sylla avait promis la liberté & une récompense à l'esclave qui découvrirait un des proscrits : il tint sa parole avec toute la perfidie d'un Despote de l'Orient. Le farouche Consul affranchit le traître à qui il devait la tête de Sulpicius, & ordonna qu'à l'instant, avec le chapeau, symbole de sa liberté, & l'or, prix de son crime, on le précipitât du haut de la roche Tarpeyenne. Cet abominable trait de justice n'annonce pas l'homme d'Etat dans Sylla; car s'il eût été conséquent dans son Machiavélisme, ou il n'aurait pas, dans son Edit de proscription, armé les esclaves contre leurs maîtres, ou il aurait laissé vivre le traître qui décela Sulpicius, pour encourager les hommes vils qui pouvaient lui livrer Marius.

SUITE MÉMORABLE DE MARIUS.

PLUTARQUE nous a transmis avec tous ses détails le récit de la fuite de Marius, & ce tableau mérite d'être conservé, parce qu'il réunit à l'intérêt du Roman, la vérité piquante de l'Histoire.

Marius fugitif, fut, suivant l'usage, abandonné de tous ses amis : personne ne voulut unir sa destinée à celle d'un proscrit, quoique quelques heures auparavant, le sort du monde entier parût dans sa main ; & il se sauva seul avec son fils & Granius, que sa femme avait eu d'un premier lit, dans une maison de campagne qu'il avait près de Lanuvium : son plan était de gagner la mer, & de sortir de l'Italie ; mais comme il mourait de faim, il envoya son fils à une terre de Scévola son beau-père, qui était sur ſa route, pour lui apporter des proviſions. Pendant que le jeune homme diſpoſait tout pour ce pénible voyage, la nuit ſe paſſa, & on apperçut à la pointe du jour les ſatellites de Sylla, qui regardant comme ſuſpecte la maiſon d'un allié de Marius, venaient y faire leurs odieuſes recherches. L'Intendant de Scévola ſe trouva heureuſement un homme d'honneur; il ne crut pas, malgré l'Edit de proſcription, qu'un acte de perfidie en fût un de patriotiſme, & il eut recours à un ſtratagême, pour dérober au tyran de Rome une de ſes victimes; il avait dans ſa cour une voiture pleine de fèves, qu'il devait conduire à la Ville; il y fit cacher le jeune Marius, attela ſes bœufs devant les cavaliers qui l'interrogeaient ſur la route des proſcrits, & entra dans Rome, ſans qu'une ruſe auſſi hardie excitât la moindre défiance: ſon guide le mena juſques dans la maiſon de ſa femme; il y prit de l'or & des papiers, ſortit enſuite de la Ville auſſi heureuſement qu'il y était entré, & ayant trouvé sur la côte un vaisseau sur le point de faire voile, il descendit en Afrique.

Le vieux Marius, qui ne voyait point arriver son fils, était inquiet; l'adversité ranime la nature dans les cœurs glacés: il se détermine enfin, après des perplexités cruelles, à s'embarquer avec Granius sur un petit navire qui partait d'Ostie. A peine était-il en haute-mer, que le vent fraichit & la manœuvre devint très-pénible; les matelots craignant que leur bâtiment ne pût résister à la violence des vagues, voulaient aborder; mais le célèbre fugitif voyait devant lui Terracine, où commandait un de ses plus mortels ennemis, & il se trouvait placé entre le supplice & le naufrage. Cependant l'ouragan prenait sans cesse de nouvelles forces, le naufrage de tous les passagers était sûr, & la mort du proscrit était incertaine; alors on cingla vers Terracine, & Marius, malgré ses justes terreurs, fut débarqué sur le rivage.

La

La position de Marius ne pouvait être plus cruelle : le ciel, par les éclats multipliés du tonnerre, semblait menacer sa tête; il ne voyait d'un côté qu'une mer orageuse, & de l'autre, une terre ennemie qui dévorait ses habitans : rencontrer des hommes, c'était se mettre à la merci des assassins; n'en point rencontrer, c'était s'exposer à sentir les horreurs de la faim. Pendant qu'il errait ainsi sur la plage, sans guide & sans but, des bergers se présentèrent à lui; il leur demanda des vivres, mais ils n'en avaient point; seulement l'un des pâtres qui le reconnut, le prévint qu'à quelque distance, il y avait des satellites de Sylla qui le cherchaient. A ce mot, l'infortuné, à qui il ne reste plus que le courage du désespoir, se précipite dans un bois voisin, & y passe la nuit avec quelques esclaves. On dit qu'il avait un secret pressentiment de son septième Consulat, & que cette idée l'empêcha de terminer ses jours par le suicide.

Le lendemain, Marius, part au lever

du soleil, & toujours en cotoyant la mer, il s'approche de Minturne : il n'en était plus qu'à vingt stades, quand il apperçut une troupe de cavaliers qui venaient à lui : dans le même moment, tournant les yeux vers le rivage, il découvrit deux navires marchands qui cinglaient vers la côte. La troupe fugitive n'hésite point, chacun se précipite vers la mer. Granius, avec les plus agiles, arrive à l'un des vaisseaux, & passe dans l'isle d'Enarie. Pour Marius, qui était vieux & pesant, il fallut que deux esclaves soutinssent sa tête au-dessus de la surface de l'eau, & par ce moyen, il atteignit le vaisseau de conserve. Cependant la troupe de Sylla était arrivée sur le rivage, & criait au Pilote d'aborder ou de jetter Marius dans la mer. Les larmes du célèbre Proscrit parlèrent plus haut dans son cœur ému, que l'appât de l'or, & dirigeant vers la haute mer, il s'éloigna de la vue de Minturne.

Marius était tranquille, il se consolait

de ſes revers, en penſant qu'il avait enfin trouvé des hommes ; il ne tarda pas à être détrompé : le maître du navire était un de ces êtres ſans caractère, qui ne ſavent ni être méchans avec audace, ni être vertueux en s'expoſant au danger ; il avait rougi de livrer à des aſſaſſins l'infortuné qui lui tendait les bras ; mais craignant, s'il le ſauvait, de périr avec lui, il réſolut de l'abandonner à ſa deſtinée : ayant imaginé un prétexte pour s'approcher de la côte, il jetta l'encre à l'embouchure du Liris ; alors il propoſa à Marius de deſcendre à terre pour ſe remettre un moment de la fatigue inexprimable, que lui avait cauſé le roulis du vaiſſeau, pendant la tourmente. Le Romain qui ne ſe doute de rien, débarque ; on l'aſſied ſur une touffe d'algues marines ; mais avant qu'il ait achevé de reprendre ſes ſens, on lève l'ancre, & le navire s'éloigne du rivage.

Marius ſentit qu'il était deſtiné à voir la mort encore de plus près ; cependant l'idée de son septième Consulat qui l'obsédait sans cesse, le soutint encore : il se lève, traverse avec une fatigue incroyable des terres fangeuses, restes des débordemens de Liris, & arrive à la cabane d'un pauvre bûcheron, dont il embrasse les genoux, pour disposer son cœur à la pitié. Le pâtre, soit qu'il connût l'homme célèbre qui lui demandait un asyle, soit qu'il fût frappé de l'air de majesté qui éclatait dans sa personne, répondit avec émotion, que s'il n'avait besoin que de repos, il en trouverait dans sa chaumière ; mais que s'il errait, pour se dérober à la poursuite d'un ennemi, il lui indiquerait une retraite plus sûre. Marius, à qui il importait encore plus de n'être pas découvert, que de jouir d'un repos auquel il ne semblait plus devoir aspirer, accepta la dernière offre du bûcheron, & se laissa placer dans un fossé peu éloigné du fleuve, où son hôte le couvrit de feuillages & de roseaux.

Cette espèce de tanière, destinée à un

Héros qui avait été six fois Consul, était à peine achevée, qu'on entendit un grand bruit d'hommes & de chevaux du côté de la cabane; c'étaient des satellites de Geminius, le Commandant de Terracine, qui rencontrant le bûcheron, & lui voyant un air ému & égaré, l'accusaient de receler dans Marius, un ennemi du nom Romain. L'infortuné entend le tumulte, & ne se croyant pas en sûreté dans sa fosse, il se deshabille, & s'enfonce jusqu'au col dans une mare bourbeuse, voisine de son asyle : quelques joncs entrelassés servirent à dérober sa tête aux regards : malheureusement les cavaliers qui le cherchaient, firent le tour de la mare, découvrirent l'infortuné, & le tirant de l'eau, nud & tout couvert de fange, le traînèrent à Minturne, où ils le livrèrent aux Magistrats, pour décider de son supplice.

Le Sénat de Minturne n'osa envoyer dans un cachot le vainqueur des Cimbres, avant d'avoir jugé s'il était coupable, & le prisonnier fut déposé dans la maison d'une Dame de la Ville, nommée Fannia, qui ayant été autrefois notée d'infamie sous son dernier Consulat, avait des raisons légitimes de ne point l'aimer; mais Fannia était une Héroïne; un homme désarmé & malheureux ne lui sembla pas un ennemi digne d'elle; & loin d'aggraver le sort de son prisonnier, elle chercha à l'adoucir par tous les soins de la tendresse la plus ingénieuse. Ce trait nous ramène au siècle des Lucrèce & des Clélie, & on est tout étonné de le rencontrer au milieu des horreurs des guerres civiles & des proscriptions.

Cependant les Magistrats de Minturne qui craignaient plus Sylla que leurs remords, après une longue délibération, s'étaient déterminés à obéir au tyran de Rome; mais il ne se trouva pas un seul Citoyen qui voulût se charger d'aller égorger Marius. Un soldat étranger, Gaulois ou Cimbre de naissance, se présenta, sous l'appât d'une récompense, pour exécuter l'arrêt de proscription : on l'introduisit à cet effet dans la maiſon de Fannia, & il entra, l'épée à la main, dans la chambre de Marius. Le lit ſur lequel repoſait le célèbre fugitif, était placé dans un enfoncement preſqu'inacceſſible à la lumière : du ſein de cette obſcurité, le vainqueur de Jugurtha lance ſur le barbare des regards étincelans, & lui crie d'une voix terrible : *Malheureux, tu oſes tuer Marius !* Ce mot, ce regard plein de feu, épouvantent l'aſſaſſin; il ſort avec précipitation, jette ſon épée, & va, s'écriant dans la rue : *Il ne m'eſt pas poſſible de tuer Marius.*

Cet effroi du barbare fut un trait de lumières pour les Magiſtrats de Minturne; ils ſe reprochèrent d'être plus féroces qu'un Cimbre, & rougiſſant de faire tomber la tête du ſauveur de l'Italie, ſous la hache d'un boureau : *Qu'il ſe ſauve*, dirent-ils, *qu'il aille épuiſer ailleurs le courroux des Dieux, & accomplir ſa fatale deſtinée.* Fannia était au comble de ſes vœux : elle échauffe le zèle de ſes Concitoyens; on entre en foule dans la chambre de Marius, on lui apporte toutes les provisions nécessaires pour un voyage de long cours, & on l'embarque sur un navire prêt à faire voile, en priant le ciel de le ramener dans sa Patrie, vainqueur de ses ennemis. Le Héros, dans la suite, fit tracer toute cette avanture dans un tableau qu'il plaça dans le Temple d'une espèce de Sybille, dont Minturne avait fait l'apothéose.

Cependant l'Odyssée du nouvel Ulysse n'était pas encore à son terme; le vaisseau avait touché à l'isle d'Enarie, où on avait recueilli Granius, & tous ensemble faisaient route vers l'Afrique: malheureusement, pendant la traversée, la provision d'eau manqua, & le Pilote fut obligé de relâcher en Sicile. Le Questeur de la Province qui se trouvait, par hasard, sur ces parages, reconnut le fugitif que le Sénat de Sylla venait de proscrire, tomba, avec ses soldats, sur l'équipage du navire, tua dix-huit hommes, & fut sur le point de prendre Marius lui-même; celui-ci eut à peine une minute pour ſe rembarquer ; on lève l'ancre auſſi-tôt, & on fait voile vers Carthage.

Le Préteur qui commandait alors dans la Province d'Afrique, était un Sextilius : Marius qui ne l'avait jamais ni obligé, ni offenſé, ſe flattait que ſon nom & ſes malheurs lui donneraient quelques droits à ſa ſenſibilité ; mais il fut bien ſurpris, quand un Officier de ce Commandant vint lui défendre de mettre le pied dans la Province, ſous peine d'être traité en ennemi de la République : le Héros interdit, ne put que regarder fixement l'Envoyé de Sextilius : enfin comme l'Officier le preſſait de donner une réponſe, il lui échappa ce mot ſublime : *Va dire au Romain qui t'envoie, que tu as vu Marius fugitif aſſis au milieu des ruines de Carthage.*

Marius ne ſe preſſa pas d'obéir au Prêteur, & il était encore ſur les ruines de Carthage quand il recueillit ſon fils qui, grace à l'amour qu'il avait ſu inſpirer à une Concubine, s'était dérobé aux pièges que lui tendait un Prince de Numidie, pour le livrer aux Romains : les deux infortunés, après les premiers embrassemens, allèrent sur le bord de la mer pour épancher leurs cœurs en liberté ; dans la route, ils rencontrèrent sur la plage deux Scorpions qui se battaient : le vieux Marius qui se piquait de quelqu'habileté dans l'art futile des augures, en conclut qu'il était menacé d'un péril éminent, comme si, placé entre la vengeance active d'un Roi de Numidie, & la politique timide & cruelle du Préteur de Carthage, il avait besoin, pour être prudent, du vain présage de la lutte de deux scorpions ; quoi qu'il en soit, voyant une barque de pêcheur sur la côte, il s'y jetta, & se fit conduire avec son fils à l'isle de Cercine ; il était temps de partir, car en levant l'ancre on apperçut un escadron de Numides, qui accouraient à toute bride pour s'emparer de la personne du jeune Marius. Ce danger ne fut pas le moindre de ceux qu'avaient courus les deux proscrits, mais ce fut le dernier ; ils paſsèrent tranquillement l'hyver dans les Iſles de la mer d'Afrique, cherchant à ſe faire oublier, juſqu'à ce que leur étoile les rappellât de nouveau au timon de la République.

CONSULAT ORAGEUX DE CINNA. NOUVELLE RÉVOLUTION. RAPPEL DE MARIUS.

QUAND Sylla eut verſé le ſang d'une partie de ſes ennemis, & qu'il eut mis à prix la tête des autres, voyant autour de lui, non le calme de la paix, mais la létargie de l'eſclavage, il chercha, par une feinte modération, à conſolider ſon pouvoir. Il aſſembla le peuple, ce qui était une eſpèce d'hommage rendu au phantôme de la République, & motiva à ſes yeux, par un diſcours étudié, les changemens qu'il ſe propoſait de faire à la conſtitution : ces changemens tendaient tous à mettre un poids prépondérant dans le baſſin de l'ariſtocratie ; il ſtatua que rien ne ſerait propoſé au peuple, avant que le Sénat l'eût approuvé par ſon ſuffrage ; il voulut que déſormais les voix de la Nation aſſemblée ſe recueilliſſent, non par Tribus, mais par Centuries ; enfin, il annulla toutes les ordonnances de Sulpicius, ce qui le rétablissait dans le département de la guerre contre Mithridate.

Cependant le temps des Comices approchait ; Sylla, ferme dans son système de modération simulée, souffrit patiemment que Nonnius, son neveu, & Servius Sulpicius, son protégé, qu'il voulait élever à la suprême Magistrature, essuyassent tous deux un refus : il dit même à cette occasion, *qu'il n'était pas faché de voir le peuple faire usage de la liberté qu'il venait de lui rendre :* mot aussi perfide que celui de Neron, prêt à signer un arrêt de mort : *je voudrais ne pas savoir écrire.*

Ce fut Cinna qui fut élu Consul ; c'était un des chefs de la faction de Marius : Sylla se contenta de le mener au Capitole, & de lui faire jurer devant la statue de Jupiter, qu'il ne changerait rien au Gouvernement établi. On sait de quel poids sont les sermens de l'homme qui veut régner ; Cinna, au moment qu'il prononçait de bouche le vœu de maintenir l'ouvrage de Sylla, dans son cœur proscrivait sa tête, & il ne tint pas à lui que ce serment de son cœur, le seul qui lui fût cher, ne fût exaucé.

Les premiers jours du Consulat de Cinna, furent souillés par un des plus grands crimes qu'on rencontre dans les annales de la République. Pompeius, l'ancien Consul, collègue de Sylla, étant venu commander dans le Picénum, ses propres soldats l'assasinèrent, pour expier la proscription de Marius : le Sénat murmura; mais comme il voyait Sylla craindre pour lui-même, il n'osa prendre en main la cause publique, & ce meurtre atroce ne fut point vengé.

Cependant la présence de Sylla gênait le nouveau Consul; il ne pouvait se regarder comme maître de Rome, tant qu'il rencontrerait les regards du farouche conquérant qui s'en était emparé : il s'avisa, pour le contraindre à quitter l'Italie, de le faire accuser par un Tribun;

le stratagême réussit, & Sylla, pour s'éviter l'ignominie de comparaître, passa la mer avec ses légions, & vint combattre Mithridate.

Cinna, dont l'ambition n'était plus surveillée, donna l'essor à son génie turbulent & factieux : le parti de Marius lui ayant fait compter trois cents talents (plus de seize cents mille livres de notre monnaye) il entreprit de faire rappeller ce célèbre proscrit ; comme il avait besoin, à cet effet, des suffrages du peuple Romain, & qu'il lui était bien plus avantageux de compter les voix, que de les peser, violant le serment qu'il avait fait entre les mains de Sylla, sur l'autel de Jupiter, il proposa de faire revivre la loi Tribunitienne de Sulpicius, qui dispersait les nouveaux Citoyens dans les anciennes Tribus ; ce qui attira une partie de l'Italie dans Rome, & amena la plus terrible sédition qu'on eût encore vue depuis la fondation de la République.

Octavius, le collègue de Cinna, était

un homme de bien, mais sans génie, & plus propre à gouverner une Monarchie tranquille, qu'une République qui jouit d'une liberté orageuse. La Noblesse, les Citoyens riches, & tous ceux pour qui la Patrie n'était pas un vain phantôme, vinrent se ranger en armes autour d'Octavius; pour Cinna, il était à la tête d'une foule immense, mais composée de vils Plébeyens, d'étrangers, d'hommes sans nom qui ne pouvaient exister que par les troubles qu'ils faisaient naître. La bataille se donna dans la place publique, & pour cette fois, l'audace céda au courage: Octavius fond sur les Factieux, les coupe en deux bandes & les disperse, puis quand son parti est rassasié de carnage, respectant la dignité Consulaire dans Cinna, il tourne vers le Temple de Castor & pose les armes: on peut juger si la mêlée fut sanglante, puisque dix mille hommes furent tués du côté seulement des vaincus. Rome perdit moins de Citoyens dans la plupart de ces journées mémorables, où elle disputa

l'Empire

l'empire du Monde aux Pyrrhus & aux Annibals.

Octavius, le lendemain de cette sédition, fit faire le procès à Cinna; & déclara la place de Consul, qu'il occupait, vacante; on lui substitua Cornelius Merula, qui était prêtre de Jupiter.

Cinna n'avait pas attendu son jugement pour quitter Rome; il avait réussi à faire entrer dans sa faction le célèbre Sertorius; & tous deux de concert s'étant présentés devant une armée Romaine qui campait dans la Campanie, ils la mirent dans leurs intérêts; ensuite courant dans toutes les villes de l'Italie, pour réchauffer les germes, à demi-éteints, de la guerre sociale, ils se firent écouter si favorablement, qu'ils virent en peu de temps sous leurs ordres jusqu'à trente légions. C'est dans ces circonstances que Marius quitta sa retraite; il amenait avec lui un corps de mille soldats, en partie cavaliers Numides, en partie avanturiers Italiens, que des revers semblables au ſien avait attachés à ſa deſtinée. Ce corps, dans la route, s'augmenta, parce qu'on enrôlait tout ce qui ſe préſentait, juſqu'aux eſclaves, & aux ſcélérats échappés au fer des loix & Marius avait ſix mille hommes quand il envoya offrir ſes ſervices à Cinna : celui-ci qui affectait de n'avoit avec le célèbre proſcrit aucune intelligence, quoique ce dernier fût réellement l'ame du parti, aſſembla ſon Conſeil de Guerre, pour délibérer ſi l'on incorporerait les ſix mille nouveaux ſoldats avec les trente légions.

Sertorius opina le premier ; comme il n'était point dans le ſecret du Général, il parla ſuivant ſes lumières, & fit craindre, ſi on recevait un homme du nom de Marius, qu'il n'emportât ſeul tout le fruit de la victoire : comme ſes raiſons commençaient à ébranler le Conſeil, Cinna fut obligé de ſe démaſquer ; il avoua que c'était lui-même qui avait appellé Marius : alors Sertorius lui fit entendre avec douceur, que la comédie qu'il jouait était inutile, & le Conseil se sépara.

Marius, dès le soir même, fut reçu dans le camp : on l'y déclara Proconsul, & on voulait lui donner des faisceaux & des Licteurs; mais le Héros les rejetta, disant que de tels honneurs ne convenaient pas à la fortune d'un exilé : cette modération apparente cachait une soif ardente de vengeance, qui ne s'étancha que trop tôt pour le malheur de la République.

Marius & Cinna, se voyant assez forts pour donner la loi à leurs Concitoyens, vinrent mettre le siège devant Rome, avec quatre armées : ces deux chefs de factions en commandaient chacun une, & ils confièrent les deux autres au zèle de Carbon & de Sertorius. Marius triompha le premier dans cette guerre désastreuse : car avant de former ses lignes de circonvallation, il surprit Ostie à l'embouchure du Tibre, & après avoir passé une partie des habitans au fil de l'épée, il abandonna la Ville au pillage.

Pompeius Strabo, qui était à la tête de quelques légions dans le Samnium, fut appellé au secours de la Patrie ; mais ce Général, irrité de n'avoir pas obtenu un second Consulat qu'il demandait, par une coupable connivence avec les rebelles, ne se pressait point de quitter son département : on prétend même qu'avant de marcher à la défense de Rome, il avait offert ses services à Cinna & à Marius, qui l'avaient rebuté : quoi qu'il en soit, il obéit au Sénat, quand il vit Rome aux abois, & livra à une des quatre armées un combat peu décisif, & qu'un seul évènement tragique rendit mémorable. Deux frères servaient dans les deux armées ennemies, ils se rencontrèrent dans la mêlée, & se battirent sans se connaître ; le guerrier de Pompeius tua celui de Cinna, & en dépouillant le cadavre il le reconnut. Tout entier à son désespoir, il fait dresser un bûcher, y place le corps de son frère, & après avoir chargé d'imprécations les auteurs des guerres civiles, il se perce de son épée, & fait mettre le feu au bûcher, afin que ses cendres se réunissent avec celles de sa victime.

Pompeïus survécut peu à ce parricide; un orage affreux s'étant élevé, il fut tué dans sa tente d'un coup de tonnerre, & son armée, déjà à demi détruite par la contagion, se dispersa. La haine publique, que le lâche Proconsul avait tant provoquée par sa connivence avec les chefs des rebelles, se déclara contre lui de la manière la plus terrible après sa mort. Tandis qu'on célébrait ses funérailles, le peuple indigné se jetta sur le lit de parade, fit tomber le cadavre, & le traîna avec un croc aux Gémonies. C'est d'un père si détesté que naquît le grand Pompée, l'idole de Rome. Cette justice contradictoire, rendue dans le cours d'une génération, à deux individus de la même famille, ne se rencontre que dans les annales des Républiques.

Marius, pour forcer plutôt Rome à capituler, alla s'emparer de toutes les places voisines où il y avait des magasins de vivres : Antium, Aricie, Lanuvium, tour-à-tour lui ouvrirent leurs portes. Le Sénat découragé, & craignant que la disette ne fît naître une sédition dans la Ville, envoya une ambassade à Cinna, pour traiter d'accommodement.

Cinna avant d'entrer en pourparlers, demanda aux Députés s'ils le reconnaissaient pour Consul : ceux-ci n'étaient point autorisés à faire une réponse, & ils furent contraints de s'en retourner sans avoir entamé la négociation. Le Sénat, à qui on fit part de ce nouvel incident, se trouva dans une étrange perplexité : d'un côté, on ne pouvait rendre le Consulat à Cinna sans faire outrage à Merula, Citoyen vertueux qui lui avait été subrogé; de l'autre, on ne pouvait refuser la pourpre Consulaire au Chef des rebelles, sans exposer Rome à subir toutes les horreurs de la guerre. Merula tira le Sénat d'embarras, à la manière des Régulus & de tous les Héros de la Patrie, en abdiquant:

alors l'ambaſſade retourna au camp ennemi avec l'ordre de reconnaître Cinna pour Conſul. Celui-ci donna ſon audience aſſis ſur ſon Tribunal, ayant devant lui ſes Licteurs, & entouré de tout l'appareil de la majeſté Conſulaire : Marius ſe tenait debout auprès de lui, dans l'attitude d'un homme pénétré de ſes malheurs ; mais ſes regards étincellans de rage décélaient ſa profonde hypocriſie, & annonçaient tout le ſang précieux que ſa vengeance allait faire couler dans cette Rome, que, par une ironie cruelle, il appellait encore ſa Patrie.

Les Députés, dans leur indigne capitulation, avaient ordre de ne demander autre choſe à Cinna, ſinon qu'il jurât d'épargner la vie des Citoyens. La farouche Conſul ne daigna pas faire de ferment : il prétendit que des vaincus devaient ſe contenter de la parole qu'il donnait de ne cauſer volontairement la mort à perſonne, & il ne faut pas trop ſavoir gré à ce tyran d'un pareil refus ;

car il n'y eut que l'orgueil qui l'empêcha de s'exposer au parjure.

Après le départ des Députés, il y eut un Conseil de guerre : Marius & Cinna, qui ne permettaient pas à leurs Généraux d'avoir d'autres avis que le leur, opinèrent les premiers à faire main-basse sur tous leurs ennemis ; c'est ce qu'ils appellaient ramener la paix dans Rome : il fallut bien que le Conseil adoptât cet abominable plan de pacification, qui fit verser des larmes de sang à Sertorius.

Cependant le Sénat qui ignorait le résultat atroce de ce Conseil de guerre, envoya une troisième députation au camp des rebelles, pour inviter Cinna & Marius à entrer dans la Ville : cette invitation, toute illusoire qu'elle était, puisqu'elle s'adressait à des vainqueurs irrités, était le seul trait qui pût faire connaître au monde, qu'il y avait encore un Sénat dans la République.

ENTRÉE DES REBELLES DANS ROME. SAC DE LA VILLE. SEPTIÈME CONSULAT ET MORT DE MARIUS.

CINNA fit ſon entrée dans Rome, précédé de ſes Licteurs, & entouré de gardes: les ſoldats marchaient en bon ordre & enſeignes déployées. Pour Marius, il s'arrêta à une des portes, diſant, avec une ironie inſultante, qu'un banni n'avait point droit d'entrer dans ſa Patrie, à moins que l'édit de ſa proſcription ne fût abrogé. A l'inſtant les Tribus s'aſſemblent dans la place publique; mais à peine les trois premières avaient-elles donné leur ſuffrage, que le vieux tyran, las de cette comédie, jetta ſon maſque au loin, entra dans Rome, dont il fit fermer les portes, & la livra à toutes les horreurs de la guerre, comme ſi elle avait été priſe d'aſſaut.

La première ſcène de carnage s'ouvrit

par l'assassinat du Consul Octavius : ce Magistrat, à l'approche des rebelles, s'était retiré sur le Janicule avec un petit nombre d'amis : tout le monde lui conseillait de prendre la fuite ; mais il déclara qu'étant Consul, son devoir l'empêchait d'abandonner ses Concitoyens. Marius & Cinna envoyèrent un détachement de soldats pour l'égorger. On le trouva assis sur sa chaise Curule, avec les ornemens du Consulat, comme ces vieux Héros de Rome, dont l'aspect auguste étonna si fort les Gaulois, commandés par Brennus : dès que les amis d'Octavius distinguèrent, au travers du tourbillon de poussière, les assassins qui s'approchaient du Janicule, ils pressèrent de nouveau ce personnage vénérable de s'enfuir ; mais il ne daigna pas même se lever, & il reçut la mort avec une constance digne d'être proposée pour modèle à tous les siècles, si la gloire n'en avait pas été un peu affaiblie, par la réponse d'un Astrologue, qu'on trouva dans un pli de sa toge, &

qui lui donnait l'assurance de survivre à Marius : la tête sanglante de cet homme vertueux fut portée sur la Tribune aux Harangues.

Ce meurtre fut suivi d'une foule d'autres qui remplirent de deuil les premières familles Romaines. Plutarque, Velleius & Appien, nous ont transmis les plus mémorables ; car il y en eut une foule d'obscurs, qui ont échappé à l'indignation des siècles : il suffit de savoir que le tableau de proscriptions donné par les Chefs des rebelles, servit de prétexte & de voile à toutes les vengeances particulières, & que le brigandage du soldat effréné alla si loin, qu'il suffisait d'être reconnu pour riche, pour se voir égorger comme ennemi de Marius.

Les deux frères Lucius & Caïus César, périrent dans ce sac de Rome : Caïus avait disputé le Consulat à Sylla : c'était un Orateur célèbre ; il fut livré à ses assassins pas un homme vil & lâche, que son éloquence avait autrefois sauvé dans une affaire criminelle : pour Lucius, qui avait été Consul & Censeur, comme il avait dévoilé les intrigues criminelles du Tribun Varius, Marius qui protégeait ce dernier, eut la férocité de faire traîner ce personnage vénérable devant le buste du factieux, & de l'y faire tourmenter jusqu'à ce qu'il rendît le dernier soupir. Il ne manquait, dit un de nos Historiens, pour mettre le comble à l'ignominie du nom Romain, que d'immoler une tête aussi illustre que celle de César, aux mânes d'un être aussi vil que Varius.

La Maison des Crassus se trouvait dans le tableau de la proscription : le père ayant vu son fils égorgé sous ses yeux, se perça lui-même de son épée, pour échapper à des outrages qui auraient pu compromettre sa gloire. Son second fils se sauva ; c'est lui que nous verrons un des Membres du premier Triumvirat, payer de sa tête l'ambition de faire, des Parthes, les sujets de la République.

Au milieu de cette infraction publique

de toutes les loix divines & humaines; Marius & Cinna, qui dans leur système de vengeances, se plaisaient à joindre l'insulte à la férocité, firent accuser en forme Catulus & Merula : Catulus était, depuis long-temps, odieux à Marius, parce que dans l'expédition contre les Cimbres, il avait éclipsé sa gloire : quand il vit l'orage sur sa tête, il tenta de fléchir le conquérant de Rome, & l'envoya prier de lui laisser la liberté de choisir un exil : *Non, qu'il meure*, s'écria plusieurs fois cet homme de sang, & Catulus apprenant sa sentence, s'enferma dans un cabinet nouvellement enduit de chaux, y alluma un grand feu, & se laissa ainsi étouffer par la vapeur.

Merula rendit son suicide encore plus illustre : il vint s'asseoir au pied de l'autel de Jupiter, & s'y fit ouvrir les veines, de manière que son sang rejaillit jusques sur la statue du Dieu dont il était le Ministre; il est probable qu'en rendant ainsi le maître du tonnerre témoin de sa mort, il voulait provoquer ſa vengeance contre des Deſpotes ſuperbes qui ſe jouaient de la crainte des Dieux & de la vie des hommes.

Une des têtes que la Patrie regretta le plus, fut celle de l'Orateur Marc-Antoine. Il avait trouvé un aſyle dans la maiſon d'un Plébeyen obſcur, dont le zèle trop ardent le perdit : quand on vint annoncer à Marius qu'il était maître de la vie de ce célèbre proſcrit, il ſe récria, battit des mains, & fit éclater la joie effrénée d'un tigre qui va dévorer ſa victime : il était à table en ce moment, & il voulait ſe rendre lui-même dans l'aſyle de l'infortuné, pour repaître ſes yeux farouches du ſpectacle de ſa mort ; mais ſes convives le retinrent, & il ſe contenta d'envoyer le Tribun militaire Annius, avec un cortège de ſoldats, pour lui apporter la tête de Marc-Antoine. Le Tribun ſe rend chez l'hôte du proſcrit, reſte à la porte pour la garder, & fait monter ſes ſatellites : ceux-ci, tout impitoyables qu'ils ſont devenus par le spectacle du sang, à la vue d'un personnage que son génie & ses vertus rendaient encore plus vénérable que ses cheveux blancs, sont saisis d'un respect involontaire, & ils se renvoyent l'un à l'autre l'exécution : Marc-Antoine parle, & son éloquence enchanteresse achève de les enchaîner. Annius qui s'impatièntait d'attendre, monte lui-même, voit ses soldats aussi immobiles que si la tête de Méduse les avait pétrifiés; mais trop féroce pour partager le même prestige, il tranche la tête à l'Orateur, & va la porter à Marius, qui, après s'en être joué sur la table de son festin, la fait exposer sur la Tribune aux Harangues avec les autres trophées de sa fureur.

On peut juger de la violence de la tyrannie, par la légèreté avec laquelle le sang quelquefois le moins suspect était versé : un signe de tête de Marius coûtait la vie à un Citoyen que son étoile funeste présentait à ses regards. Un ancien Préteur, nommé Ancharius, s'étant approché de lui pour le saluer, & celui-ci n'ayant daigné ni lui parler, ni faire semblant de le voir, les gardes du Tyran le massacrèrent à ses pieds: Marius ne fit que sourire de cette atrocité; alors les Cannibales qui étaient les instrumens de ses violences, la firent passer en règle. Tout Citoyen qui abordait cet homme de sang, & à qui il ne rendait pas le salut, était égorgé sur le champ; de sorte que ses amis même ne venaient le voir qu'en tremblant, &, comme ce Philosophe que sa naissance condamnait à vivre à la Cour d'un Despote moderne de l'Orient, ils s'étonnaient toujours, en quittant Marius, d'avoir encore leur tête sur leurs épaules.

Le sac de Rome dura cinq jours & cinq nuits; les scélérats qui servaient de cortège à Marius, se répandaient dans les maisons des Citoyens les plus illustres, massacraient les pères de familles, abusaient de leurs enfans, & violaient leurs femmes; & pendant que les têtes des proscrits repaissaient les regards du peuple à la Tribune aux Harangues, leurs cadavres mutilés étaient jettés dans les rues, & foulés aux pieds; car c'était un crime d'Etat de leur donner la ſépulture.

Au milieu de ces ſcènes abominables, on voit cependant briller de temps en temps quelques traits de grandeur d'ame. Les eſclaves de Cornutus, inſtruits qu'il était au nombre des Proſcrits, le cachèrent dans un aſyle ſûr; enſuite ils prirent un des cadavres qu'on foulait aux pieds, le revêtirent d'un des habits de leur Maître, lui mirent au doigt ſon anneau d'or, & firent croire aux ſatellites de Marius qu'il s'était étranglé. Pendant qu'on célèbrait les funérailles du faux Cornutus, le véritable ſortait de l'Italie, & mettait les Alpes entre lui & les tyrans du Monde.

Il y a eu en ce genre un trait bien plus admirable, en ce qu'il caractériſe l'humanité de tout un peuple: Marius avait livré au pillage les maiſons de tous les Citoyens qu'il avait fait aſſaſſiner; mais il n'y eut que les infâmes brigands, dont il avait fait ses gardes, qui se permirent de lui obéir. Les Plébeyens, ceux mêmes qui étaient voués à la plus profonde indigence, ne voulurent pas se souiller de ces fatales dépouilles, & les maisons des Proscrits, toutes désertes qu'elles étaient, furent respectées d'une multitude, qui d'ordinaire n'a point de frein, comme si c'était le Temple de Jupiter.

Quand aux infâmes brigands qui s'autorisaient de la féroce vengeance de Marius, pour traiter Rome comme une Ville prise d'assaut, ils ne tardèrent pas à porter la peine de leurs crimes. Sertorius, outré de les voir déshonorer, par leurs excès, une cause qu'il avait la faiblesse de croire légitime, se concerta avec Cinna, qui commençait à être fatigué du spectacle toujours renaissant du carnage, & les ayant fait attaquer pendant la nuit dans le camp où ils avaient coutume de se renfermer, il les passa tous au fil de l'épée; ils étaient au nombre de quatre mille. Rome respira un peu après ce malheur, que le sommeil de la justice, à cette époque désastreuse, nous autorise à regarder comme légitime.

Cependant l'année civile approchait de son terme. Marius & Cinna ne voulurent pas plier leur orgueil jusqu'à assembler le peuple pour l'élection des Magistrats, & ils se nommèrent eux-mêmes Consuls; c'est pour la première fois qu'on avait vu un trait de despotisme aussi insolent, depuis l'institution de la République.

Marius Consul, ne fut pas plus modéré que Marius Conquérant : le premier jour où il exerça sa nouvelle Magistrature, son fils tua, de sa propre main, un Tribun du peuple, & lui en apporta la tête; deux Prêteurs furent condamnés à l'exil, & un Sénateur, du nom de Lucinus, fut précipité du haut de la roche Tarpeyenne, comme un scélérat né dans le rang des esclaves.

On peut juger des horreurs nouvelles que faisait pressentir un Consulat commencé sous d'aussi sinistres auspices. Mais la vengeance du Ciel semblait attendre cet homme de sang au plus haut période de sa fortune, pour frapper une plus grande victime. Ce fut Sylla qui, tout absent qu'il était, parut l'instrument de cette vengeance; il venait de vaincre Mithridate, & de confiner ce Roi, jadis la terreur de l'Orient, sur les rives du Pont-Euxin: la gloire de ce rival redoutable, continuait à peser sur l'imagination de Marius; on lui faisait entendre, de toutes parts, que ce conquérant de l'Asie mineure, venait avec ses légions victorieuses, délivrer Rome de la tyrannie sous laquelle elle gémissait, demander compte aux Consuls de tout le sang innocent qu'ils avaient fait répandre, & les tirer du Sénat qu'ils présidaient, pour faire tomber leurs têtes sous la hache des Licteurs: ces idées terribles tourmentaient Marius, & introduisaient par force dans son ame égarée les remords qu'il avait tenté de bannir: la nuit ces images sinistres se retraçaient encore avec plus de force dans sa pensée; alors il imagina pour se distraire de ses maux, un remède bien peu fait pour son âge & pour sa dignité, ce fut de se livrer sans mesure aux plaisirs de la table, & de passer la nuit dans les Orgies les plus licentieuses: on sent combien un tel régime était fait pour allumer son sang: il y succomba; le premier jour de sa fièvre, l'accès étant passé, & sa tête étant plus saine, il s'entretint, dit-on, avec ses amis les plus intimes, de tous les détails de sa vie romanesque; il ne dissimula aucune des vicissitudes qu'il avait éprouvées, & termina cet épanchement de cœur, en disant qu'il était trop philosophe pour se fier davantage aux bisarreries de la fortune, ensuite il embrassa l'un après l'autre tous ses amis, leur dit un adieu éternel, & alla se mettre dans son lit, où il mourut le septième jour de sa maladie, & le dix-septième de son dernier Consulat; il avait alors soixante & dix ans; il laissa, dit Plutarque, des richesses assez grandes pour suffire à plusieurs Rois, & il se lamentait encore quelque temps avant d'expirer, comme s'il mourait dans l'indigence : lui seul des Romains, il avait été sept fois Consul, & il blasphémait contre le Ciel de l'avoir enlevé au milieu de sa carrière.

Il y a des êtres assez malheureusement nés, pour que les crimes de leur vie fassent d'abord desirer leur mort, & pour que les calamités qui suivent leur mort, fassent regretter ensuite les horreurs de leur vie ; tel fut Marius. Comme son fils succéda à son pouvoir, & le rendit encore plus odieux par ses fureurs, Rome s'apperçut bientôt, que par la mort de Marius, elle n'avait fait que changer un tyran décrépit, contre un autre plein de vigueur, & elle honora de quelque regret les funérailles du vainqueur des Cimbres & du conquérant de la Numidie.

Ces funérailles mêmes furent teintes d'un sang précieux : Fimbria, le plus féroce des complices de Marius, le même qui avait massacré le fils de Crassus, &

qui avait tourmenté Lucius Cesar devant la statue de l'infame Varius, chargea un des scélérats qu'il soudoyait, d'assassiner, dans la pompe du convoi, le Pontife Scévola, un des personnages de Rome le plus recommandable par sa vertu : le coup de poignard ne blessa que légèrement le Pontife, & Fimbria eut l'insolence de citer devant le peuple, le Citoyen illustre, dont il n'avait pu faire sa victime : comme on lui demandait quel crime il avait à reprocher à un homme de bien, qui était même au-dessus des éloges : *je l'accuserai*, dit ce forcené, *de n'avoir pas reçu dans le cœur le coup de poignard dont il devait expirer sur la place* : de pareils traits peignent plus les mœurs de Rome, dans ces temps de calamités, que les déclamations éloquentes des Rhéteurs, & les considérations les plus hardies des Philosophes.

SYLLA PASSE DANS LE PONT AVEC UNE ARMÉE ROMAINE. HISTOIRE DE CETTE MONARCHIE JUSQU'AUX GUERRES DE ROME AVEC MITHRIDATE (a).

PENDANT que Rome vengeait, par ses longs malheurs, les maux que ses conquérans avaient fait au monde, Sylla se mesurait avec avantage dans l'Asie mineure contre un nouvel Annibal. Ce ta-

(a) *Polyb.* lib. 4, 5, 7, & in Legat. *Appian.* in Mithridat. & in bell. civil. *Justin.* lib. 37, 38. *Diod. Sicul.* lib. 6, 10, & in Excerpt. Vales. *Strab.* Geogr. lib. 10, 12. *Tit.-Liv.* in Epitom. *Florus*, lib. 2, 3. *Vell. Patercul.* lib. 2. *Oros.* lib. 6. *Valer. Maxim.* lib. 8 & 9. *Athen.* deipnos. lib. 5. *Plin.* Histor. Natur. lib. 38. *Cés.* de bell. Alexandr. & civil *Plutarch.* in Mar. Syll. Lucull. & Cæsar. *Cicer.* de orat. lib. 1, & in Brut. Nous n'aurons pas d'autres garans jusqu'à la dissolution du Royaume de Mithridate.

bleau de trophées & de victoires, va reposer un moment notre pinceau fatigué de tracer des crimes & des désastres. Nous n'arriverons que trop tôt à l'époque terrible où le vainqueur de Mithridate nous obligera à reprendre ce pinceau abandonné, pour rappeller aux générations les horreurs de sa Dictature.

Mais avant de mettre le Héros du Pont sur la scène, il faut, pour ne rien perdre de l'Histoire de l'Antiquité, jetter un coup d'œil rapide sur les annales de sa Monarchie.

Le Pont, la première Contrée qu'on rencontre au Nord-Est de l'Asie mineure, quand on quitte la Colchide, tire son nom, ainsi que nous l'avons vu dans l'Histoire de la Grèce, de sa prolongation le long de la mer; le peuple qui l'habitait, était connu primitivement sous le nom de Leucosyriens, ou de Syriens blancs, ce qui annonce son origine, du moins dans les principes arbitraires de l'étymologie.

Les principales villes du Pont, étaient Amisus, de fondation Grecque; Amasée, la Patrie de Strabon le Géographe; Eupatorie, bâtie par le grand Mithridate, connu aussi sous le nom d'Eupator, que les Généraux Romains firent raser jusqu'en ses fondemens; Cabire, qui porta dans la suite le nom religieux de Diospolis; Zéla, aux pieds des remparts de laquelle Cesar vainquit Pharnace; une Comana, qu'il ne faut pas confondre avec une Ville, non moins célèbre du même nom, qu'on voyait dans la Cappadoce; Themiscire, qu'on croyait la patrie d'une horde errante d'Amazones, & Cerasonte, dont Lucullus fit passer le Cérisier en Europe.

Trebizonde, Colonie de Sinope, était une des Métropoles du Pont; ses Fondateurs la bâtirent sur le bord de la mer, dans la forme d'un quarré-long, ce qui lui fit donner par les Grecs, le nom de Trapèze. Cette Ville était déjà florissante sous les successeurs de Cyrus: elle accueillit dans ses remparts les dix Mille ; cependant on voit que ce que dit Xénophon de sa splendeur, dérive moins de la vérité historique, que de sa reconnaissance.

Le Pont fut, vers le temps de sa première population, subjugué par Ninus : il passa, par la prise de Babylone, sous le pouvoir des Perses ; & c'est à Darius, fils d'Hystaspe, qu'il dut de n'appartenir qu'à lui-même.

Artabase fut, dit-on, un des sept Satrapes qui, après la mort de Cambyse, prétendirent à sa couronne. Darius, que son cheval fit Roi, comme nous l'avons vu dans l'Histoire de la Perse, tâcha de consoler ses rivaux, en leur distribuant des trônes, ou du moins des privilèges, qui ne conviennent qu'à la Souveraineté. Artabase fut le mieux partagé, puisqu'on érigea pour lui le Pont en Monarchie.

Rhodobate, qui régnait du temps de Darius Nothus, n'a pu être le successeur immédiat d'Artabase, à moins que ce dernier n'ait dormi sur le trône, presqu'autant de temps qu'Epimenide dans sa grotte; mais il importe peu à l'Histoire des mœurs & de l'esprit humain de discuter ce problême de chronologie.

MITHRIDATE I — Jusqu'au règne de ce Prince, le Pont avait été tributaire de la Perse : le nouveau Monarque crut qu'il ne convenait pas à la majesté de son trône de relever même d'un Bienfaiteur, & il secoua le joug; mais Artaxerxe Mnèmon le défit en bataille rangée, & le força à rester son Vassal. Mithridate I n'est connu dans l'Histoire que par ses désastres. Un tyran d'Héraclée, par une perfidie heureuse, trouva le moyen de s'emparer de sa personne, & ne lui rendit la liberté qu'en épuisant son trésor. Le Pont jusqu'alors avait si peu d'influence dans l'Histoire de l'Asie, que Xenophon ne donne à son troisième Roi, que le titre de Satrape.

ARIOBARZANE I. — Ce Prince était avant son avènement Gouverneur pour les Perse, de la Lydie, de l'Ionie & de la

Phrygie, mais il se rendit indépendant, & subjugua le Pont, ce qui fit de tous ces Etats réunis, la puissance dominante de l'Asie mineure : on envoya des armées contre lui, & il les défit, grace à Timothée, un des Héros d'Athènes, & au grand Agésilas. Une tradition veut qu'Ariobarzane, vainqueur du Roi des Rois, ait été assassiné dans son Palais, par son fils, vers le temps des premières conquêtes d'Alexandre.

MITHRIDATE II. — Le Pont, à la mort d'Ariobarzane, fut englouti dans les vastes conquêtes du Héros de la Macédoine, mais la dynastie de ses Souverains n'était pas encore éteinte. Mithridate, qui avait assassiné Ariobarzane pour lui succéder, voyant son peuple gémir sous la tyrannie des successeurs d'Alexandre, sortit de sa retraite, brisa un sceptre d'airain entre les mains de ses oppresseurs, & à force d'exploits, fit oublier au Pont son parricide.

Mithridate régna, dit-on, vingt-six

ans, & fut tué à l'âge de quatre-vingt-quatre ans, par ordre d'Antigone.

MITHRIDATE III, fils du dernier Roi du Pont, n'est guères connu dans l'Histoire des Monarchies de l'Orient, que pour avoir ajouté à ses Etats la Paphlagonie & la Cappadoce.

ARIOBARZANE II, MITHRIDATE IV, & MITHRIDATE V, ou ne firent que passer sur le trône, ou y dormirent; on ne cite sous leur règne aucun évènement mémorable. Leur mort même, aussi obscure que leur vie, ne sert point d'époque dans les fastes de la chronologie.

PHARNACE I. — Sous le règne de ce Prince, le Pont commença à être connu des Romains. Pharnace avait fait la conquête des Etats d'Eumène, Roi de Pergame, & celui-ci intéressa la République dans sa querelle : après plusieurs campagnes, dont les succès furent variés, Rome, sous le nom de médiatrice, donna la loi aux deux Puissances; le Roi de Pont, en particulier, fut très-maltraité, car il fut obligé de donner douze cents talens & d'évacuer ses conquêtes.

MITHRIDATE VI. — Ce Prince, éclairé dans sa politique par les fautes de son père, acheta, par les services qu'il rendit à Rome, soit dans la troisième guerre Punique, soit dans l'expédition contre Aristonic, Roi de Pergame, le titre d'ami & d'Allié de la République; après un règne long & paisible, où il ne donna par ses conquêtes aucun ombrage à la Métropole du Monde, il fut assassiné par un de ses favoris.

MITHRIDATE VII, ou le Grand, (car l'Histoire donne ce nom aux Princes qui ont fait beaucoup de bruit, comme à ceux qui ont mérité des hommes par leur génie ou par leurs vertus.) — Ce fameux ennemi du nom Romain n'avait qu'onze ou douze ans quand il monta sur le trône. Sa naissance, disent des écrivains adulateurs; avait été annoncée à la terre par une Comète brillante, qui couvrait la quatrième partie du Ciel; comme s'il importait beaucoup à l'Ordonnateur des Mondes, qu'un petit Despote de l'Asie mineure eût une renommée ! Ce grand Mithridate, dont une Comète avait illustré l'entrée à la vie, commença son règne par un parricide. Sa mère, en vertu du testament du dernier Roi, gouvernait le Pont pendant sa minorité : il se lassa de n'être Souverain que de nom, fit mettre la Princesse dans un cachot, & lui envoya une coupe de poison, par reconnaissance d'en avoir reçu la vie.

Les Instituteurs de Mithridate, qui virent en lui une pente invincible à la cruauté, tentèrent plusieurs fois de délivrer l'Asie d'un pareil fléau; mais le jeune tyran éventa tous leurs complots : on prétend, (car une physique éclairée, est loin de garantir une pareille anecdote,) on prétend, dis-je, que pour ne pas périr du genre de mort qu'il avait fait subir à sa mère, il s'accoutuma par degrès à mêler dans ses alimens, les poisons avec les antidotes, de manière que dans la suite, les breuvages les plus mortels, loin d'attaquer en lui les principes de la vie, ne faisaient que lui servir de nourriture.

Quelques années après son avènement, Mithridate épousa sa propre sœur Laodice, (car l'inceste était permis aux Rois de l'Orient,) & il en eut un fils nommé Pharnace. C'est à cette époque, que las de ce qu'il appellait le travail vulgaire, de gouverner un peuple soumis, il conçut le projet de subjuguer l'Asie; dans cette vue, il alla avec un petit nombre de ses Satrapes étudier dans cette belle partie du Globe, les loix, les usages & les hommes; il employa trois ans à ce voyage, & on dit que dans l'intervalle, il apprit jusqu'à vingt-deux langues; on se doute bien qu'un pareil phénomène litteraire, qu'on est bien moins en droit d'attendre d'un Roi, que de tout autre homme, ne nous est garanti, ni par un Polybe, ni par un Tacite.

Cependant la Reine du Pont, ennuyée de cette longue absence, fit revivre en Asie la Clytemnestre de la Grèce; elle devint éperdument amoureuse d'un Seigneur de sa Cour, qui la rendit mère; & au retour de son époux, pour s'éviter la honte d'une justification, elle voulut l'empoisonner; mais Mithridate, plus heureux qu'Agamemnon, éventa la trame, & fit mourir Laodice avec le Satrape qui l'avait déshonorée.

Mithridate, pour se dérober à soi-même l'image importune de la honte & des désastres de sa famille, commença l'exécution de son vaste plan de conquêtes. Le théatre de ses premiers exploits fut la Scythie, & sur-tout les régions qui sont au nord du Pont-Euxin: toute cette côte fut subjuguée en peu de temps jusqu'au Bosphore & aux Palus-Méotides: ensuite il envahit la Paphagonie qui était à sa bienséance, soumit la Galatie, & porta ses vues ambitieuses jusques sur la Cappadoce. Le Prince qui régnait dans cette dernière contrée, était un Ariarathe que

Rome protégeait. Le Roi du Pont craignant une résistance qui lasserait son armée impatiente de conquêtes, le fit assassiner par un scélérat nommé Gordius; le crime était d'autant plus odieux, qu'Ariarathe avait épousé sa sœur; mais comme il fut secret & impuni, suivant la Logique des tyrans, il cessa d'être un crime. Le Roi assassiné laissait un fils, mais Nicomède, Roi de Bithynde, épousa la Reine de Cappadoce, pour ravir la couronne à son Souverain légitime: alors Mithridate qui avait prévu cette révolution, ravi de s'annoncer dans l'Asie comme le protecteur des Rois opprimés, enleva à Nicomède sa conquête, & rendit à son neveu le trône de la Cappadoce; mais ce dernier Prince ne jouit pas longtemps de l'idée consolante d'avoir cru un Despote généreux: Mithridate qui préférait la puissance à la renommée, chercha une injuste querelle à son neveu, & sans attendre sa réponse, entra dans ses Etats avec six cents chars armés en guerre, quatre-vingt mille fantaſſins & dix mille chevaux.

Le Roi de Cappadoce, contre l'attente du conquérant, ne ſe laiſſa point ſurprendre; il vint au-devant de l'ennemi avec une armée peu nombreuſe, mais agguérie : alors Mithridate qui n'eſpérait pas de vaincre, ſe détermina à trahir. Il invite ſon neveu à une conférence, ſous prétexte de ſe réconcilier avec lui, & dès qu'il le voit ſe pencher vers lui pour l'embraſſer, il tire un poignard qu'il avait caché dans les plis de ſa robe, & l'en perce de pluſieurs coups, à la vue des deux armées : quand on voit que c'eſt à un Monarque auſſi abominable, que les peuples ont donné le nom de grand, on prend, malgré ſoi, en pitié la nature humaine.

L'aſſaſſinat du jeune Roi produiſit l'effet que le tyran pouvait en attendre : l'armée effrayée, ſe diſperſa, & Mithridate s'étant emparé de la Cappadoce, en donna la couronne à ſon propre fils, âgé de huit ans, dont il changea le nom en celui d'Ariarathe.

Nicomède, épouvanté de cette ambition de Mithridate, ambition qui tendait à envahir toutes les couronnes de l'Asie Mineure, ne trouva dans sa politique pusillanime, d'autre moyen d'arrêter le conquérant, que de susciter un imposteur qui se prétendit frère du Roi assassiné, & qui, en cette qualité, vint à Rome réclamer la Cappadoce. Le Sénat embarrassé, trancha le nœud gordien, en ne reconnaissant ni le Roi créé par Nicomède, ni le Roi donné par Mithridate, & en permettant à la Cappadoce de se gouverner en forme de République; mais le fruit généreux de la liberté, ne pouvait germer sous le ciel efféminé de l'Asie. La Cappadoce voulut un Roi, & comme la race de ses Souverains naturels était éteinte, on lui permit de déférer la couronne à un Ariobarzane.

Gordius, le scélérat qui avait assassiné l'Ariarathe, beau-frère du Roi du Pont, voulut tenter une révolution dans la Cappadoce; mais Sylla qui avait été envoyé en Asie, sous le titre d'Ambassadeur, & qui préférait à ce titre pacifique, celui de Général d'armée, rassembla quelques légions Romaines, défit Gordius, & fit couronner Ariobarzane.

Ce Roi, de la nomination Romaine, ne fit que passer. A peine Sylla, son protecteur, avait-il quitté l'Asie Mineure, que Tigrane, Roi d'Arménie, vint rétablir sur le trône le fils de Mithridate. On dit que ce Prince envahit toute la Cappadoce, sans avoir perdu un seul homme; ce qui supposerait que ce pays, habité par des esclaves & ouvert à tous les conquérans, ne valait pas la peine d'être subjugué.

Pendant ce temps-là, Mithridate ne restait pas oisif; il s'empara de la Bithynie, dont il ôta la couronne à un Nicomède, fils naturel du dernier Roi, pour la donner à son propre frère, qui portait le beau nom de Socrate.

Cependant Rome, dont l'ambition acrive dévorait déjà des yeux toute l'Asie Mineure, fut enchantée d'avoir à protéger les États qu'elle brûlait d'envahir : sous prétexte de défendre la cause de tous les Rois, elle fit partir des Généraux à la tête de plusieurs légions, qui rendirent leurs trônes à Nicomède & à Ariobarzane. Cette dernière expédition, qui mit l'Europe & l'Asie en feu, amena la guerre de Rome contre Mithridate.

PREMIÈRE GUERRE DE MITHRIDATE CONTRE LES ROMAINS. SES VICTOIRES. SES CONQUÊTES DANS L'ASIE MINEURE.

MITHRIDATE ſe préparait depuis longtemps à ſe meſurer avec les Romains : inſtruit par les fautes du fameux Annibal, dont il faiſait revivre le génie & la haine pour la République, il ſentit de bonne heure qu'un Roi du Pont n'était pas fait pour lutter ſeul avec une Puiſſance qui étendait ſes bras dominateurs ſur un tiers du globe, & il ſut doubler ſes forces par d'utiles confédérations : la plus importante fut celle qu'il conclut avec Tigrane ſon gendre, Roi d'Arménie; il fut ſtatué entr'eux que dans les conquêtes que feraient leurs armées combinées, les hommes & le butin appartiendraient à Tigrane, mais que le pays ſubjugué & les Villes reſteraient à Mithridate.

Non content de ce grand appui, le Roi du Pont mit dans ses intérêts les Gallo-Grecs, les Scythes, les Bastarnes & les Sarmates : d'ailleurs il était favorisé par le Roi des Parthes, par les Ptolémées & les Séleucides, dont la politique ombrageuse voyait de mauvais œil l'aggrandissement de Rome en Asie ; ainsi il y avait une espèce de conjuration dans les trois parties de l'ancien continent, pour abattre ce colosse de la grandeur Romaine, qui ne marchait, qu'en écrâsant les nations, à la Monarchie universelle.

Afin de mettre aux yeux de l'Asie entière le bon droit du côté de ses armes, l'artificieux Roi du Pont commença par envoyer une ambassade solemnelle à Rome, pour se plaindre d'une invasion que Nicomède, Roi de Bithynie, venait de faire dans ses Etats, & prouver la nécessité, supposé que la République ne lui fît pas justice, de se la faire à lui-même. La réponse de Rome fut dictée par son Machiavélisme : elle avait l'ambiguité des Oracles :

Si Nicomède a fait tort à Mithridate, nous voyons avec peine de pareilles hostilités ; mais nous ne souffrirons pas que Mithridate attaque Nicomède, parce que la guerre qu'on médite nuit aux intérêts de la République.

Mithridate, au comble de ses vœux, regarda cette réponse du Sénat comme un acte d'hostilité, & fit entrer à l'instant des troupes agguéries en Cappadoce, qui détrônèrent Ariobarzane.

Cette invasion donna l'allarme aux Généraux de la République : ils assemblèrent une flotte & trois armées. Cassius, Proconsul d'Asie, vint camper avec ses légions sur les frontières de la Gallo-Grèce ; Aquillius se chargea de s'opposer à une descente des conquérans dans la Bithynie, & Oppius marcha vers la Cappadoce ; pour la flotte Romaine, elle resta dans les parages de Byzance, pour fermer la sortie du Pont Euxin aux vaisseaux de Mithridate.

L'appareil des forces du Roi du Pont n'était pas moins formidable ; outre une flotte de trois cents vaisseaux pontés & de cent autres navires d'une plus faible construction, il avait cent trente chars armés en guerre, deux cents cinquante mille hommes de pied & quarante mille chevaux.

La campagne s'ouvrit par une victoire brillante, qu'un démembrement de la grande armée de Mithridate remporta sur Nicomède. Le Prince vaincu se hâta de réunir les débris de ses troupes fugitives aux légions commandées par Aquillius; mais cette jonction ne fut qu'un nouveau triomphe pour le Roi du Pont; le Général Romain fut défait à son tour, perdit son camp, & fut obligé de mettre un fleuve entre lui & le vainqueur. Ce dernier exploit ouvrit toute l'Asie Mineure à Mithridate.

Le conquérant s'avança vers la Phrygie: toutes les Villes lui ouvrirent leurs portes, & suivant les usages adulateurs de l'Orient, lui firent, quand il entra dans leurs remparts, une espèce d'apothéose.

Cependant, jusqu'à ce moment, la guerre de Mithridate avec Rome n'avait été qu'une eſpèce de guerre auxiliaire. Sur le point d'attaquer cette Puiſſance dans ſes propres poſſeſſions, il aſſembla ſes ſoldats, & leur parla avec véhémence contre le peuple ſuperbe & dévaſtateur qui ſe plaiſait à envahir tous les trônes & à détruire toutes les libertés : il fit ſentir l'injuſtice de ſon Sénat, qui ordonnait à ſes Généraux de lui ravir ſes conquêtes, tandis que lui-même ne poſſédait rien que la pointe de ſon épée ne lui eût acquis ; il prétendit que ſi Rome était l'ennemie née de tous les Rois, c'eſt que ſans doute elle n'avait eu pour le gouverner, que des Rois dont les noms la faiſaient rougir, & ce mouvement oratoire, au défaut de preuves plus ſolides, acheva de ſubjuguer l'armée de Mithridate.

Depuis ce moment, tout plia ſous les armes triomphantes du Héros ; il ſoumit la Phrygie, la Myſie, la Pamphylie, la côte d'Ionie, & pour qu'il ne manquât rien à ſa gloire, deux Généraux Romains tombèrent en ſon pouvoir.

Oppius, au premier bruit des victoires du Roi du Pont, avait été chercher un asyle dans les remparts de Laodicée : il n'en coûta au conquérant, pour se rendre maître de sa personne, que de promettre à ceux qui le trahiraient, l'impunité de leur perfidie ; à l'instant il fut arrêté & conduit dans le camp de Mithridate avec ses Licteurs, qui le traîna par-tout à sa suite, montrant avec faste aux peuples de l'Asie un Général Romain qui s'était laissé battre, & qui n'avait pas su mourir.

Aquillius, que les insulaires de Mitylène livrèrent au vainqueur de l'Asie, n'en fut pas quitte pour l'ignominie d'être donné en spectacle à des nations jusqu'alors écrâsées par la grandeur Romaine ; Mithridate le haïssait personnellement, parce qu'il le regardait comme le premier mobile de la guerre, & il l'accabla de mauvais traitemens & d'outrages. D'abord il le fit charger de fers, battre de verges, & traîner sur un âne, en le forçant de crier de temps en temps aux témoins de ſon ſupplice, qu'il était Aquillius. Quelque temps après, on l'attacha par une chaîne avec un Baſtarne, d'une taille coloſſale, & le Romain était obligé de ſuivre à pied le barbare monté ſur un cheval ; enfin le conquérant l'ayant conduit à Pergame, lui fit verſer de l'or fondu dans la bouche, pour inſulter à l'avarice Romaine, & ſurtout à la rapacité particulière de ſa victime.

MASSACRE DE QUATRE-VINGT MILLE ROMAINS DANS L'ASIE MINEURE. RUTILIUS ÉCHAPPE À LA PROSCRIPTION. HISTOIRE DE CET HOMME CÉLÈBRE.

MITHRIDATE, maître de l'Asie Mineure, sentit qu'il ne lui restait que deux moyens pour la conserver à sa Maison : c'était d'amollir tellement les Romains qui l'habitaient, qu'ils devinssent peu-à-peu des Asiatiques, ou bien de les exterminer. Le premier parti demandait un despotisme prolongé pendant plusieurs générations, & ne pouvant tout d'un coup les empêcher d'être Romains, il aima mieux qu'ils cessassent d'être. Ce sophisme d'un tyran plein de génie amena la fameuse proscription qui coûta la vie à quatre-vingt mille Citoyens de la République.

La haine pour le nom Romain, était

ſi grande dans toute l'Aſie, que quoique ce ſecret eût été confié à une foule d'hommes de toutes ſortes de caractères, il ne fut point éventé. L'arrêt parti du Conſeil d'Etat de Mithridate, fut envoyé à tous les Gouverneurs des Provinces, à tous les Commandans des Villes, & à tous les Magiſtrats des places ſubalternes : il portait qu'à un jour fixe, qui était le même par-tout, on maſſacrerait tous les Romains, hommes, femmes & enfans; que leurs biens ſeraient partagés entre le Roi & les aſſaſſins, & qu'on ne rendrait à aucun cadavre les honneurs de la ſépulture. Pour qu'il n'échappât aucune victime, l'Edit accordait de grandes récompenſes aux délateurs, la remiſe de la moitié des dettes aux débiteurs de l'Etat, & la liberté aux eſclaves.

Les vœux féroces du Roi du Pont furent remplis au-delà de ſon attente; les haines nationales, comme les cultes religieux, ont leur fanatiſme, & on le vit bien à l'unanimité dans le maſſacre.

On

On arrachait les Romains des asyles les plus sacrés ; on coupait les mains à ceux qui tenaient les statues des Dieux embrassées ; on égorgeait les enfans sous les yeux de leurs pères & les femmes dans les bras de leurs époux. De tous les peuples qui reconnaissaient les loix de Mithridate, il n'y-eut que les Insulaires de Cos, dans les cœurs desquels l'humanité parla plus haut que la haine nationale ; ils prévinrent les Romains de l'Edit de proscription, & leur permirent d'habiter en sûreté le Temple d'Esculape.

Dans tout le reste du continent de l'Asie mineure, il n'échappa qu'une seule victime à la fureur de Mithridate. C'est Rutilius, exilé de sa Patrie, & vivant alors dans Smyrne : on croit que l'estime universelle qu'il s'était acquise par ses mœurs & par sa probité, désarma ses assassins : un hommage aussi flatteur, rendu par un peuple ennemi, nous autorise à revenir un moment sur nos pas, pour dessiner de face ce grand personnage.

Rutilius avait été Conſul au temps de l'invaſion des Cimbres ; l'excellente diſcipline qu'il maintint parmi ſes ſoldats, prépara de loin le triomphe de Marius : cependant ce dernier, qui était jaloux de toute eſpèce de gloire, qu'il n'avait pas, lui voua une haine immortelle.

Comme Rutilius joignait aux qualités guerrières les mœurs auſtères des Cincinnatus & des Curion, tant qu'il eut quelqu'influence dans le Gouvernement de Rome, il fut le fléau des Publicains & de toutes ces ſang-ſues publiques qui s'engraiſſent de la ſubſtance des Citoyens, & qui s'abreuvent des larmes de ſang, que leur rapacité les oblige à répandre ; auſſi, dès qu'il fut rendu à l'obſcurité de la vie privée, la vengeance de ces hommes, vils à la fois & terribles, éclata : ils voulurent intimider, par ſa chûte, tout Magiſtrat qui ne voudrait pas conniver à leurs brigandages, & ils l'accuſèrent lui-même de concuſſions : la calomnie était évidente ; mais Marius, qui était alors le vrai Souverain de Rome, protégeait les accusateurs, & les dépositaires des loix n'osèrent pas avoir raison contre Marius.

Rutilius soutint l'orage avec le stoïcisme de Caton; il ne voulut point prendre le deuil; il refusa même d'être défendu par Marc-Antoine : les grands succès de cet Orateur, dans l'art oratoire, furent pour lui un titre d'exclusion. L'intrépide Romain se défendit lui-même, mais avec une fierté qui révolta des Juges, peu faits pour l'apprécier. Le public l'applaudit, les Philosophes promirent de transmettre son nom aux siècles; mais les Magistrats le condamnèrent.

Ce grand homme, qui était à la fois vertueux par principes & par tempérament, se montra le même après sa sentence, que durant le cours de la cause criminelle qui la fit prononcer : quoiqu'il n'eût été condamné qu'à réparer de prétendus dommages, il abandonna Rome comme une caverne de brigands, & s'exila volontairement dans l'Aſie mineure. Ses biens furent ſaiſis; & comme leur vente ne put acquitter la ſomme qu'il devait payer, cet acte de tyrannie légale, devint la preuve la plus complette de ſon innocence.

Quand ce grand perſonnage arriva en Aſie, les Villes, prévenues par ſa renommée, lui offrirent un aſyle dans leurs remparts, & pourvurent à tous ſes beſoins avec toute la généroſité des ſiècles héroïques, de ſorte qu'il devint beaucoup plus riche dans ſon exil, qu'il ne l'avait jamais été à Rome lorſqu'il en poſſédait la première Magiſtrature. Sylla l'invita de revenir dans ſa Patrie, mais il refuſa; il aurait eû trop à rougir, s'il avait dû ſon retour à cet homme féroce, qui ſoutenait en brigand la cauſe de la République.

La probité de Rutilius était ſi auſtère, qu'il ne la plia jamais, même pour remplir les devoirs les plus chers à ſon cœur. Un Romain, qui avait partagé ſes diſgraces, & qui était devenu confident de ſes penſées, lui demandait un jour une chose injuste, & s'offensant de son refus: *quel besoin*, disait-il, *ai-je de ton amitié, si tu ne remplis pas mon attente?* le Sage lui répondit, *& moi, quel besoin ai-je de la tienne, si je ne puis la conserver avec ma vertu?*

Rutilius, retiré dans Smyrne, une des plus florissantes des Colonies Grecques en Asie, se consola de n'avoir plus de Patrie, en cultivant les arts qui rendent Cosmopolite; il composa en particulier, en Grec, une Histoire Romaine qui se perdit de bonne heure, & que l'Antiquité regrettait à cause du style, mais que nous regrettons à cause de son impartialité.

CAMPAGNE GLORIEUSE DE SYLLA. PRISE D'ATHENES. VICTOIRES DE CHERONÉE ET D'ORCHOMENE. PAIX ACCORDÉE A MITHRIDATE.

IL était temps que l'heureux Sylla vînt opposer une digue à un torrent qui, après avoir couvert l'Asie, menaçait d'inonder l'Europe. Les Insulaires de Rhodes, au reste, eurent la gloire de prouver les premiers au Monde, que Mithridate n'était pas invincible. Ce conquérant étant venu les punir d'être restés fidèles aux Romains, ils battirent son armée de terre, coulèrent à fond une partie de sa flotte, & l'obligèrent à lever le siège de leur capitale. L'Histoire a remarqué pendant le siège, un trait de modération qui fait le plus grand honneur aux Rhodiens; pendant que Mithridate jurait de raser leur Ville jusques dans ses fondemens, ils laissèrent sur pied un statue de ce Prince, que dans des temps plus heureux ils lui avaient érigé. Ciceron, de qui nous tenons cette anecdote, trouve inconséquent d'être en guerre avec la perſonne, & de reſpecter l'image; pour nous, nous ne trouvons ici d'inconſéquent, que le ſophiſme du Philoſophe; comme s'il n'y avait pas de la lâcheté à mutiler l'ennemi qui ne peut ſe défendre! comme ſi dans quèlque ſituation critique qu'on ſe trouve, on pouvait être en guerre avec une image!

Il s'en fallait bien que Mithridate fût auſſi généreux que les Rhodiens: dans le combat naval qu'il livra, avant de lever le ſiège, un navire de ſa flotte, qui était de l'iſle de Chio, porté par les vagues qui contrariaient ſa manœuvre, étant venu frapper le vaiſſeau amiral, le Roi furieux de l'eſpèce de danger qu'il avait couru, non-ſeulement fit pendre le Pilote & le contre-maître, mais étendant encore ſa vengeance cruelle ſur toute l'iſle de Chio, il fit piller la Ville par un de ſes Lieutenans, expoſa les femmes à la brutalité des barbares, & transplanta les habitans dans la Colchide.

Quand Sylla se présenta pour se mesurer avec le Roi de l'Asie mineure, il n'avait que cinq légions, & neuf mille livres pesant d'or, pour soudoyer son armée pendant toute la guerre; encore le trésor de la République était si obéré, qu'il fallut, pour faire cette somme, vendre des édifices consacrés par Numa au culte des Dieux; mais Rome comptait sur le génie de Sylla, Sylla comptait sur son étoile, & les hostilités recommencèrent entre les deux Puissances.

Le Général Romain débarqua dans le Péloponèse, & pour intimider l'ennemi par son audace, il commença la campagne par le siège d'Athènes: cette Ville, sous les Successeurs de Cyrus, la terreur de l'Asie entière, mais qui depuis long-temps n'était plus que l'ombre d'elle-même, s'était donnée à Mithridate, séduite par les intrigues d'un vil sophiste nommé Aristion: elle aurait bravé avec ses remparts & son Pirée, toutes les forces de la République, s'il s'était trouvé dans les guerriers qui la défendaient quelques ames vigoureuses de la trempe des Miltiade & des Thémistocle. Le Pirée sur-tout, uni à la Ville par un double boulevard, l'ouvrage de Périclès, commandant à la fois au continent & à la mer, & muni d'une nombreuse garnison commandée par Archelaüs, le meilleur Général de Mithridate, pouvait lasser une armée de Héros par sa longue résistance : Sylla vainquit tout, parce qu'il connut le secret de la faiblesse des Athéniens, & que, par un pressentiment aveugle, il se reposait sur ses hautes destinées.

Il tenta d'abord d'escalader les murs du Pirée, qui avaient environ soixante pieds de hauteur, & il employa à cet effet toutes les ressources de la Tactique des Anciens : béliers, galeries couvertes, catapultes, hélépoles, tout fut mis en œuvre; il avait besoin de pierres de taille pour élever des contre-murs; il abatrit le fameux rempart de Periclès; le bois lui était néceſſaire pour les échafauds, il coupa par le pied les arbres du Lycée & de l'Académie; il ne pouvait avec ſon faible tréſor militaire, ſubvenir aux frais énormes de ce ſiège, & li dépouilla les Temples d'Olympie & d'Epidaure, des riches dons que la crédulité de pluſieurs ſiècles d'ignorance avaient entaſſés ſur les Autels de Jupiter & d'Eſculape.

Delphes, quoique le centre de la Religion Grecque, ne put ſe dérober au brigandage ſacrilège de Sylla: ce Général écrivit aux Amphyctions, qu'il était à propos de lui envoyer les tréſors du Dieu; on ne manqua pas de repréſenter au Romain qu'Apollon ne voulait pas ſe laiſſer dépouiller, & que pour prouver ſon indignation, il avait fait entendre le ſon de ſa lyre du fond de ſon ſanctuaire. Sylla, qui avait vu de près les mommeries ſacrées des augures, était aguerri contre les réponſes des oracles, & il déclara que jouer de la lyre, étant une marque de joie & non de mécontentement, son ordre suprême s'accordait avec la volonté du Dieu : il fallut donc obéir, &, grace aux sacrilèges de Sylla, ses légions furent soudoyées.

Le soin qu'eut le Général Romain, d'intercepter avec sa flotte les convois, amena peu à peu la famine dans Athènes ; on pensa alors à capituler. Aristion envoya au camp Romain quelques sophistes à demi yvres, qui, au lieu de se plier aux circonstances, s'avisèrent de citer Codrus, Miltiade & les trophées de Salamine & de Marathon : *allez*, leur dit Sylla, *votre pompeuse éloquence m'est inutile ; je ne suis pas venu ici pour apprendre l'Histoire d'Athènes, mais pour la punir de sa rébellion.*

Dès le soir même, Sylla instruit par des transfuges, d'un endroit faible de la place, alla l'attaquer & l'emporta ; ensuite il entra par la brêche avec toute son armée, livra la Ville au pillage, & permit au soldat effréné de passer au fil de l'épée jusqu'aux vieillards & aux femmes. Le carnage fut ſi grand qu'on le meſura, non par le nombre des morts, mais par l'eſpace qui fut inondé de ſang humain; la nuit ſeule mit fin au maſſacre. Le vainqueur ſe crut généreux, parce qu'en proſcrivant les hommes, il fit grace aux édifices.

Ariſtion, au premier tumulte, ſoupçonnant la Ville priſe, s'était refugié dans la citadelle, mais la diſette de vivres l'obligea bientôt de ſe rendre à diſcrétion, & Sylla l'envoya au ſupplice.

Pour Archelaüs, à qui Mithridate avait confié la défenſe du Pirée, il ſe ſignala par une bravoure, que Sylla même fut contraint d'admirer: on le vit diſputer pas à pas le terrein, reconſtruiſant ſans ceſſe de nouveaux murs à la place de ceux que les machines Romaines faiſaient écrouler; on prétend qu'il recommença juſqu'à ſix fois cette manœuvre: à la fin cependant il fut obligé de chercher un aſyle ſur ſa flotte; alors Sylla prit le Pirée & le brûla: l'incendie conſuma, au grand regret du Péloponèse, ces arsenaux superbes, construits au commencement du siècle de Periclès, qui renfermaient les agrèts nécessaires pour équiper mille vaisseaux : quand Sylla vit que la licence de la victoire ne lui laissait plus rien à détruire dans l'Attique, il partit pour la Béotie, afin d'offrir le combat aux Généraux de Mithridate.

Les deux armées se rencontrèrent non loin de Chéronée, patrie de Plutarque. Taxile, le Généralissime des troupes Asiatiques, avait quatre-vingt-dix chars armés de faux, cent mille hommes de pied & dix mille chevaux : pour Sylla, en comptant ses troupes auxiliaires, il n'avait pas le tiers de cette armée; mais l'inexpérience de Taxile, mit des poids égaux dans la balance. Ce Barbare eut la maladresse d'attendre son ennemi dans un pays coupé où il ne pouvait déployer toutes ses forces, & de choisir pour champ de bataille un côteau entouré de précipices, d'où il ne pouvait, dans un danger éminent, faire retraite; ses chars armés en guerre, sur lesquels il comptait pour rompre les lignes Romaines, ne furent encore qu'un frivole épouventail; comme à cause de l'inégalité du terrein ils ne pouvaient avancer que lentement, ce fut un jeu pour les soldats des légions de les repousser; quand ils les voyaient en pièces, ils en demandaient d'autres en riant, comme s'ils eussent assisté dans le Cirque de Rome à un spectacle.

Les deux aîles de l'armée Asiatique furent enfoncées l'une après l'autre, ensuite le corps de bataille; les troupes fugitives voulurent chercher un asyle dans leur camp, mais le vainqueur qui les poursuivait entra pêle-mêle avec elles, & en fit un horrible carnage: on prétend qu'il ne se sauva de cette journée terrible, que dix mille hommes, qui entrèrent la nuit suivante dans Chalcis avec Archelaüs; pour les Romains, s'il fallait en croire les Mémoires très-suspects de Sylla, dont Plutarque même n'ose se faire le garant, on ne leur aurait tué que douze soldats. Heureusement l'absurdité de ce calcul sauve aux légions l'ignominie de n'avoir compté parmi leurs guerriers que les bourreaux de cent mille hommes.

Mithridate, au récit du désastre de Chéronée, renvoya en Grèce une nouvelle armée de quatre-vingt mille hommes sous la conduite de Dorylaüs : elle rencontra les vainqueurs de Taxile dans les plaines marécageuses d'Orchomène. La cavalerie Barbare commença par faire plier les légions ; la déroute commençait ; Sylla accourt, descend de cheval, prend un drapeau & crie aux siens, en combattant avec la bravoure d'un soldat : *Romains, je vais mourir ici : ce sont les champs de l'honneur ; pour vous, si on vous demande en quel endroit vous avez abandonné votre Général, souvenez-vous de répondre que c'est à Orchomène.* Ce mot sublime fit son effet, les soldats se rallièrent, & après une mêlée sanglante, ils restèrent vainqueurs. Cette journée coûta aux Barbares quinze mille hommes, parmi lesquels se trouva le gendre d'Archelaüs.

Mithridate, qui avait les mœurs des Cambyse & des Xerxès, se vengea par des cruautés, des désastres qu'il éprouvait : il avait au nombre de ses ôtages tous les Tetrarques de la Gallo-Grèce, avec leurs enfans & leurs amis au nombre de soixante : ces infortunés se voyant resserrés comme des prisonniers de guerre, conjurèrent pour recouvrer leur liberté. Le Roi du Pont le sut, & donna ordre de les égorger tous ; il n'y eut que trois d'entr'eux qui se sauvèrent, dont l'un était le célèbre Déjotarus. Le tyran, après ce massacre, confisqua, en vertu de son droit des gens, les Etats des Tetrarques, s'empara de leurs trésors, & mit garnison dans leurs forteresses.

De froides barbaries exercées contre des ôtages, ne rendaient pas à Mithridate les cent quinze mille hommes que lui avaient coûté les journées de Chéronée & d'Orchomène : Archelaüs vint de sa vait trouver le vainqueur, & lui promit, s'il voulait retourner en Italie, où la guerre civile l'appellait, un secours puissant d'argent, d'hommes & de vaisseaux. Sylla fut patriote un moment : « Quoi, » lui dit-il, toi l'esclave d'un Roi Bar- » bare, tu oses conseiller à un Général » de Rome de trahir sa gloire ! N'es- » tu pas cet Archelaüs, qui d'une » armée de cent dix mille hommes, » as sauvé à peine de quoi assurer ta » fuite ignominieuse ? Si tu n'as pas » d'autre traité à apporter à tes vain- » queurs, vas dire à ton Maître que je » lui ferai ma réponse sur un champ de » bataille ».

Archelaüs frappé de ce langage foudroyant, change de rôle ; il se jette aux genoux de Sylla, & le prie de se réconcilier avec Mithridate. La fierté du Général Romain se trouvait alors satisfaite ; il consentit à un traité, à condition qu'il en dicterait les conditions. Le Plénipotentiaire du Roi du Pont n'insidenta sur rien, & il fut convenu que Mithridate acheterait le titre d'Allié des Romains, en leur livrant soixante & dix vaisseaux armés en guerre, en leur payant deux mille talens, en évacuant l'Asie proprement dite & la Paphlagonie, & en rendant la Bithynie à Nicomède, & la Cappadoce à Ariobarzane.

Mithridate ne se pressa pas de ratifier ce traité, qui compromettait sa gloire : il savait que Flaccus & Fimbria arrivaient en Grèce avec une armée Consulaire pour dépouiller le vainqueur de Chéronée & d'Orchomène, & il se flattait que les Généraux Romains, occupés d'une guerre civile, le laisserait en paix recouvrer toutes ses conquêtes; il envoya donc, le plus tard qu'il put, une ambassade à Sylla, pour lui déclarer qu'en recevant, pour la plus grande partie des conditions, la loi du peuple Romain, il ne consentirait jamais à livrer ses vaisseaux & à évacuer la Paphlagonie : *Quoi*, dit Sylla aux Ambassadeurs, *votre Maître me dis-*

pute une petite Province & quelques vaisseaux, lui qui devrait me remercier à genoux de lui avoir laissé la main avec laquelle il a signé l'ordre de massacrer quatre-vingt mille Romains? Archelaüs était présent à l'audience, il craignit que Sylla ne préférât la gloire de détrôner son Maître, à celle de dissiper les restes impuissans de la faction de Marius, & se jettant à ses genoux, il le pria de suspendre son ressentiment : *Je vais trouver moi-même Mithridate*, dit-il, *il ratifiera la paix que j'ai signée, ou je me poignarderai à ses yeux.* Archélaüs n'eut pas besoin de se poignarder. Mithridate, pressé par deux armées Consulaires qui semblaient attendre sa chûte pour s'entre-détruire, vint lui-même trouver Sylla dans la Troade, & eut une conférence avec lui, après laquelle le traité fut ratifié : il livra l'argent, les vaisseaux, évacua les Provinces de l'Asie qu'il avait usurpées, rendit leurs trônes à Nicomède & à Ariobarzane, & reprit tristement le chemin du

Pont, n'ayant retiré d'autre fruit de son ambition d'accumuler toutes les couronnes du globe sur sa tête, que d'avoir inondé l'Asie du sang de ses sujets & de celui de ses vainqueurs.

DISCORDE ENTRE DEUX ARMÉES CONSULAIRES, SYLLA L'EMPORTE. FÉROCITÉ DE FIMBRIA ET SA MORT (a).

Le plus beau trait de la vie de Sylla, est sûrement d'avoir laissé dominer dans

(a) Depuis la perte de Tite-Live, de Polybe & de Diodore, nous sommes toujours contraints de glaner d'après des fragmens d'Ecrivains mutilés, ou d'après des Historiens qui ont très-peu de poids. Plutarque seul nous console de cette disette de bons matériaux; encore ne faut-il se livrer qu'avec la plus grande circonspection à l'imagination exaltée de ce Philosophe. Voici à-peu-près toutes nos autorités jusqu'à la mort de Sylla. — *Plutarch.* in Syll. Lucull. Pompei. Crass. & Mar. *Sueton.* in Cesar. *Sallust.* in Catilin. & in fragm. histor. *Vell. Patercul.* lib. 2. *Dio.* & *Diod. Sicul.* in Excerpt. Vales. *Appian.* in Mithrid. & bell. civil. *Tit.-Liv.* in Epitom. *Flor.* lib. 3. *Valer. Maxim.* lib. 6 & 9. *Oros.* lib. 5. *Senec.* de irâ. *Cicer.* passim.

Rome, pendant trois ans, la faction de Marius, sans abandonner, pour la punir de ses fureurs, son expédition contre Mithridate; il songea à réprimer l'ennemi avant de se venger du Citoyen, croyant expier par-là les maux qu'il avait faits à sa Patrie, & ceux que son ame vindicative & cruelle méditait de lui faire encore.

Au milieu de ses triomphes, on vit débarquer en Grèce une armée Consulaire commandée par Flaccus, que Cinna, alors Consul pour la troisième fois, envoyait pour dépouiller le vainqueur de Chéronée & d'Orchomène, qu'il avait réussi à faire déclarer ennemi de la République: Flaccus, homme sans talens, n'avait d'autres titres, pour supplanter Sylla, que son nom & son dévouement à la faction de Marius. Cinna le savait bien, mais il n'avait besoin que d'un fantôme de Général, pour lui laisser à lui-même la gloire de terminer la guerre de Mithridate. Seulement il eut soin, pour prévenir les fautes de l'inexpérience de Flaccus, de lui donner pour conseil Fimbria, homme de tête, excellent Officier, mais d'ailleurs dominé par une basse jalousie, le plus féroce des Despotes & le plus scélérat des hommes.

Nous avons déjà vu ce Fimbria faire poignarder Scévola aux funérailles de Marius, & citer sa victime devant le peuple, parce qu'elle n'était pas morte sur la place : il était difficile qu'un pareil monstre vécût en bonne intelligence avec quelque Général que ce fût : Flaccus voyait son Lieutenant avec horreur, Fimbria son Commandant avec mépris, & tous deux avaient raison.

Fimbria excita dans Byzance une sédition furieuse contre Flaccus, qui craignant pour sa vie, fut obligé de se faire descendre par-dessus les remparts, & de se sauver d'abord à Chalcédoine & ensuite à Nicomédie. Le rebelle plein d'activité, suivit sa proie, & ses satellites ayant trouvé le malheureux Proconsul qui se cachait dans un puits, il l'en fit tirer pour le mettre à la mort. L'assassinat d'un Général sembla sans doute, à Fimbria, un titre pour lui succéder ; car sans attendre l'agrément de la République, il prit à l'instant le commandement de l'armée destinée à combattre successivement Sylla & Mithridate.

Fimbria remporta quelques avantages contre le Roi du Pont ; mais il abusa de sa victoire avec cette insolence qui caractérise l'ennemi né de toute supériorité ; il encourageait lui-même ses soldats à dévaster les campagnes ; il refusait la capitulation des Villes, pour avoir un prétexte de les abandonner au pillage ; il entra dans Cyzique comme ami, ensuite il jugea tous ses Citoyens opulens, dignes de mort, & après en avoir fait mettre deux au supplice, il contraignit les autres à lui abandonner tous leurs biens pour racheter leurs vies. On peut juger de sa férocité par une anecdote, dont Dion s'est fait le garant. Cet homme de sang avait fait dresser plusieurs croix dans une place publique, & comme le nombre s'en trouva plus grand que celui des proscrits, il fit prendre au hasard, parmi les spectateurs, de quoi remplir les vuides de ces instrumens de supplice.

La ville d'Ilion fut celle de l'Asie Mineure qui éprouva les effets les plus terribles de sa férocité : elle avait imploré l'assistance de Sylla, & c'était un crime bien plus grand aux yeux de ce monstre, que d'avoir appellé à sa défense les soldats de Mithridate. Fimbria s'étant rendu maître de cette place, fit passer au fil de l'épée tout être vivant, brûla les Temples, renversa les maisons, & rasa les murailles.

Il était temps que Sylla vînt demander compte à ce tyran abominable de tout le sang innocent qu'il avait versé : dès qu'il parut devant son camp, il envoya le sommer de lui céder le commandement de ses légions. Fimbria répondit avec une fierté digne d'une meilleure cause, que c'était à Sylla lui-même, déclaré par un décret du Sénat, ennemi de Rome, à se dépouiller en sa faveur, d'une autorité illégitime. Mais le vainqueur de Cheronée jouissait d'une toute autre considération que l'assassin de Flaccus & de Scévola : dès que les deux armées furent en présence, les désertions commencèrent du côté de la moins disciplinée. Fimbria, sur le point d'être abandonné des siens, tenta de faire assassiner son ennemi par un de ses esclaves; mais le complot fut éventé au moment de l'exécution : alors ce scélérat se voyant sans ressource, demanda une entrevue. Rutilius parut de la part de Sylla, & Fimbria fut assez vil pour embrasser ses genoux ; on lui laissa entrevoir qu'il ne tenait qu'à lui de sortir de l'Asie ; mais il connaissait Sylla, il savait ce qu'il aurait fait lui-même, si le malheur de sa Patrie l'eût destiné à vaincre & à régner ; il dit à Rutilius qu'il avait une meilleure voie pour s'affranchir de la tyrannie, & courant à Pergame, il se perça de son épée dans le Temple d'Esculape. Comme les ennemis du genre humain joignent toujours à la barbarie beaucoup de lâcheté, Fimbria ne porta à sa gorge qu'un coup mal assuré; un esclave qui le voyait lutter contre une agonie douloureuse, l'acheva, à sa prière, & se tua ensuite sur le corps de son maître. Son armée n'avait pas attendu sa mort, pour passer sous les drapeaux du vainqueur de Mithridate.

Sylla, avant de quitter l'Asie, la punit d'avoir exécuté l'Edit de proscription prononcé par son Despote contre quatre-vingt mille Romains : on s'attendait que d'après ses principes destructeurs, il démantelerait les Villes, & réduirait leurs habitans en esclavage ; mais il se contenta de leur faire payer vingt mille talents, (plus de cent douze millions); encore Lucullus, qui fut chargé de lever l'impôt, en tempéra, par sa douceur, l'amertume. C'était pour la première fois que Sylla, en détruisant l'équilibre des Lé-

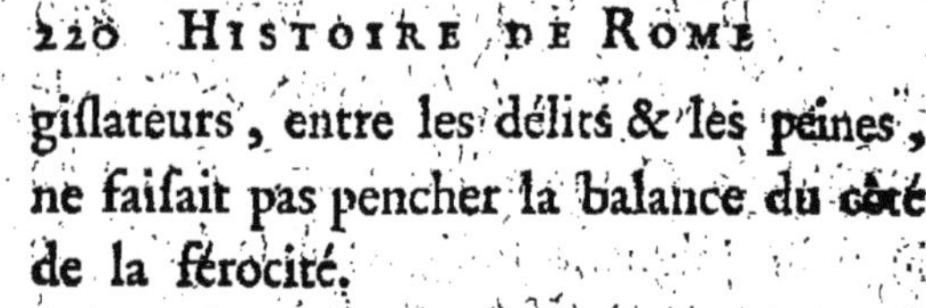

gislateurs, entre les délits & les peines, ne faisait pas pencher la balance du côté de la férocité.

GUERRE CIVILE. BATAILLE DE SACRIPORT. NOUVEAU COMBAT AUX PORTES DE ROME. SYLLA TRIOMPHE DES SAMNITES ET DE SES CONCITOYENS.

SYLLA, prêt à se rendre en Italie, mit assez de franchise dans ses projets ambitieux, pour les annoncer à la République ; il écrivit au Sénat une longue lettre, où tous ses exploits étaient rappellés depuis la prise de Jugurtha, jusqu'aux victoires de Cheronée & d'Orchomène, qui avaient amené la paix donnée à Mithridate ; il opposait à tant de services rendus à la Patrie, son honneur flétri par un décret qui le déclarait ennemi de Rome, sa maison détruite, ses amis massacrés, sa femme & ses enfans obligés d'errer chez des Barbares, pour dérober leurs têtes à la proscription, & il terminait sa lettre en annonçant qu'il revenait vainqueur de

Mithridate & de Fimbria, pour venger à la fois, lui, les gens de bien & la République.

On sent assez quel vain simulacre offrait cette République dans ces temps de désastres & de crimes, puisque ce même Sylla, déclaré son ennemi par le Corps dépositaire des loix, faisait, par une ironie cruelle, servir son nom pour assouvir ses propres vengeances; quoi qu'il en soit, le Sénat, qui depuis long-temps, n'avait plus que la politique de la faiblesse, répondit au Général qu'il avait proscrit, qu'il pouvait rentrer dans Rome en toute sûreté, & qu'on le priait de se reconcilier avec les Chefs de la faction de Marius. Les deux Consuls, Cinna & Carbon, qui représentaient cette faction, parurent se prêter à ces vues pacifiques, en promettant de suspendre toute hostilité, tant que la négociation durerait. Mais comme ils ne faisaient de sermens que pour les violer, ils coururent bientôt après dans toute l'Italie, ameutant les Marses, les Samnites & tous les peuples qui avaient ſurvécu à la guerre ſociale, pour les engager à prendre les armes, & à faire, des plaines de la Dalmatie, le tombeau du vainqueur de Mithridate.

La réponſe de Sylla ne ſe fit point attendre long-temps : elle était bien dans le caractère de cet homme ſuperbe : il déclara qu'il ne pouvait être l'ami d'hommes couverts de crimes ; que néanmoins ſi Rome voulait les dérober au ſupplice, il ne s'oppoſait point à ce trait de clémence ; il ajouta, que quant à ſa ſûreté perſonnelle, dont le Sénat ſe rendait garant, il s'en répoſait à la bienveillance de ſes légions. Cette réponſe, qu'un Cincinnatus & un Scipion auraient jugée digne du dernier ſupplice, parut juſte & modérée à un Sénat qui n'était plus que l'ombre de lui-même ; cependant la négociation échoua : les ennemis de Sylla, qui n'exiſtaient que par les troubles, avaient un trop grand intérêt à les voir ſe perpétuer : ainſi, malgré le vœu général, il fut résolu de recevoir Sylla en ennemi, & le feu de la guerre embrâsa en un instant toute l'Italie.

Cinna n'eut pas la jouissance des tyrans, celle de voir des flots de sang humain couler pour sa querelle : ce Factieux, alors Consul pour la quatrième fois, voulait transporter ses légions en Dalmatie ; les soldats qui avaient eu le temps de réfléchir sur les malheurs qu'entraîne une guerre civile, refusèrent de marcher contre leurs Concitoyens ; on voulut faire parler l'autorité, & il y eut une sédition : les troupes qui respectaient peu un homme qui s'était fait lui-même Consul, entourent son tribunal, & y font pleuvoir une grêle de pierres : Cinna veut s'enfuir ; mais poursuivi de près par un Centurion qui faisait étinceler à ses yeux une épée, il se jette à ses genoux, & lui présente une bague de grand prix qui lui servait de cachet pour sceller les actes de son Consulat : *Je ne viens point*, dit l'Officier, *pour signer un arrêt, mais pour délivrer*

Rome

Rome du plus atroce de ses tyrans, & en même-temps il le perce de son épée. L'armée vit couler le sang de son Général avec autant de tranquillité que si elle avait assisté à un spectacle de Gladiateurs.

Carbon resté seul Consul, ne voulut point se donner de Collègue : instruit par la fin tragique de Cinna, qu'il ne devait pas faire beaucoup de fond sur la fidélité des hommes qu'il armait pour sa querelle, il voulut exiger des ôtages des Villes ; c'était mettre la fleur de la jeunesse de l'Italie à la discrétion d'un tigre altéré de sang humain : aussi tous les Magistrats municipaux firent de la résistance. Celui de Plaisance, plus courageux encore, refusa nettement d'obéir ; c'était un Sage respectable, dont la tête octogénaire avait blanchi dans les premières charges de sa Patrie : Carbon irrité, s'emporta contre lui : *Sais-tu*, lui dit-il, *que j'ai bien des épées à mes ordres ? — Et moi*, répondit le Philosophe, *j'ai bien des années*. C'était faire entendre que son honneur lui était plus cher, que les faibles restes d'une vie qui était sur le point de l'abandonner; Carbon, contre l'attente générale, plia, & Plaisance ne donna point d'otages.

L'année civile était à cette époque sur le point d'expirer: Carbon n'osa point se proroger de nouveau dans le Consulat; mais il fit tomber cette Magistrature suprême à deux Patriciens qui lui étaient dévoués, à Scipion l'Asiatique & à Norbanus. Ces nouveaux Chefs de la République, armèrent l'Italie presqu'entière; de sorte que Sylla (du moins s'il en faut croire les fragmens de ses Mémoires) se trouva tout-à-coup en tête quinze Généraux & deux cents vingt mille hommes; pour lui il n'avait sous ses ordres que cinq légions, quelques cohortes Grecques de troupes auxiliaires & six mille chevaux; mais le vainqueur de Mithridate ne craignait pas quinze brigands, qui cherchaient moins à vaincre qu'à piller, & seul avec sa fortune & sa renommée, il osa défier le Sénat, les Consuls, Rome, & l'Italie entière.

Sylla, malgré les quinze armées qui avait juré sa ruine, étant parti de Dyrrachium sur une flotte de douze cents voiles, ne trouva personne qui s'opposât à sa descente, & arriva jusqu'auprès de Capoue, avec autant de sécurité qu'un Despote qui traverserait une Monarchie héréditaire : non loin des remparts de cette Ville, parut Norbanus avec une armée Consulaire; Sylla l'attaqua, força ses retranchements, & lui passa au fil de l'épée sept mille hommes.

Quelques jours après cette action, un présage bien plus sinistre vint effrayer la superstition Romaine : c'est l'incendie du Capitole : comme ce désastre avait été prédit par Sylla, il est difficile de croire qu'il n'en ait pas été le complice. Ce tyran s'est rendu si coupable, que quelque crime qu'on lui attribue, il est difficile de le calomnier ; on observe que Rome regretta bien moins dans cet incendie son Temple de Jupiter, que ses livres des Sybilles, qui renfermaient encore aux yeux des Prêtres les destinées de la République.

Le désastre de Norbanus entraîna le découragement de l'autre armée Consulaire, de sorte que Sylla s'étant présenté avec quelques cohortes devant le camp ennemi, on lui en ouvrit les portes : il y entra, sans tirer l'épée, & vingt mille Romains, qui avaient juré de le combattre, se rangèrent sous ses drapeaux; Scipion resta seul dans sa tente avec son fils; mais Sylla, par politique, les laissa échapper, ainsi que Sertorius, le seul adversaire dont le génie lui fît ombrage. Ce dernier profita de ce sommeil momentané du lion, & se retira en Espagne.

Cependant le parti de Marius était une Hydre, dont les têtes renaissaient sous le fer qui venait les abattre. Sylla ne pouvant avec ses cinq légions tenir tête à douze Généraux, chargea Crassus de faire des levées dans le pays des Marses; comme il fallait, pour exécuter cet ordre, passer à travers les ennemis, le jeune Romain demanda une escorte : *Eh bien*, lui répond Sylla, *je te donne pour t'accompagner, l'ombre de ton père, de ton frère & de tous tes amis indignement massacrés, & dont je poursuis la vengeance.* Crassus était dans l'âge ou un mot sublime fait tout entreprendre ; il partit, brava mille morts, & amena à Sylla ses troupes auxiliaires.

Pompée, âgé de vingt-trois ans, & qui n'était encore connu que par la mémoire ignominieuse de son père, fit servir aussi son génie naissant à défendre la cause d'un rebelle : il leva trois légions, & les amenait au camp de Sylla, quand Brutus, Cœlius & Carrinas, trois des Généraux de la République, se concertèrent pour l'envelopper : le jeune Héros prend son parti en homme de tête il va fondre sur Brutus avant la jonction des trois armées, & le met en fuite : dans sa route il rencontre le Consul Scipion, & trouve le moyen de faire passer ses troupes sous ses drapeaux : enfin Carbon, qui l'attendait au passage d'une rivière avec un gros corps de Cavalerie, en lui-même taillé en pièces. C'est après tous ces exploits qu'il vint se faire le Lieutenant de Sylla; celui-ci le traita comme son égal & c'est un des beaux traits de sa vie, de n'avoir jamais été jaloux du Guerrier, qu'il prévoyait devoir un jour l'effacer.

L'union de Pompée & de Sylla tombait à la fin de l'année Romaine : les nouveaux Consuls qui entrèrent en charge, furent le jeune Marius, âgé à peine de vingt-sept ans, & Carbon, qui prenait pour la troisième fois les faisceaux. Ce choix anéantissait toute espérance de paix; il annonçait qu'il fallait que Rome fût prise une seconde fois, & que le vainqueur de Mithridate fût conduit au supplice.

Marius avait l'ame atroce de son père : à peine s'était-il rendu dans son armée, qu'il écrivit au Prêteur de la Ville, de massacrer sur le champ tous les chefs de la faction de Sylla, c'est-à-dire les premiers du Sénat & de la Noblesse; ce

Prêteur, dont l'Histoire a conservé le nom pour le dévouer à l'opprobre, s'appellait Damasippus : il convoqua le Sénat, & y fit entrer des assassins à ses gages, qui égorgèrent tous les Proscrits. Ses principales victimes furent Antistius, beau-père de Pompée & le grand Pontife Scèvola, qui avait déjà été blessé aux funérailles du vieux Marius. Les boureaux traînèrent avec des crocs les corps sanglans de ces infortunés, & les jettèrent dans le Tibre, comme indignes des honneurs de la sépulture.

Sylla apprit toutes ces atrocités & hâta une bataille décisive, afin de hâter sa vengeance : l'action se passa près de Sacriport dans une plaine qui touchait aux remparts de Preneste : après une mêlée très-vive, l'aîle gauche de Marius commençant à plier, cinq cohortes & deux escadrons pasèrent du côté de l'ennemi, ce qui découragea l'aîle droite & le corps de bataille. Sylla, qui s'apperçut de l'effroi général, fit presser plus vivement le combat, & alors la déroute devint générale : les troupes fugitives cherchèrent un asyle dans Preneste ; mais les habitans qui craignaient que le vainqueur n'entrât avec elles, fermèrent leurs portes. C'est là que commença le grand carnage : Sylla passa vingt mille hommes au fil de l'épée, & en fit huit mille prisonniers ; parmi ces derniers, tous ceux qui se trouvèrent Samnites furent, par son ordre, égorgés le lendemain. Cet homme terrible excusait cette froide barbarie, en disant qu'on ne pouvait espérer de paix avec ces éternels ennemis du nom Romain, qu'en les exterminant.

La victoire de Sylla affaiblit singulièrement le parti de Marius : Norbanus & Carbon qui en restaient les chefs, trahissant la cause des infortunés qui se dévouaient à la mort pour leur querelle, se retirèrent, l'un à Rhodes, & l'autre en Afrique.

Cependant la faction n'était pas anéantie : outre plusieurs légions Romaines, dispersées en Italie, il y avait une armée de quarante mille, tant Lucaniens que Samnites, qui avait juré de venger le massacre des prisonniers de Sacriport, & qui fut sur le point de tenir son serment; mais il était dans la destinée de la République d'appartenir encore aux farouches ennemis de Marius, & d'être opprimée tour-à-tour par ses tyrans & par ses libérateurs.

Sylla, pour ne pas perdre les fruits de sa victoire, fit assiéger Preneste, où Marius s'était retiré, par Ofella, un de ses lieutenans, & marcha vers Rome découragée, & qui commençait à sentir les horreurs de la disette; cette Ville malheureuse, accoutumée depuis long-temps à recevoir pour maître tout homme qui en prenait le nom, n'osa pas faire résistance, dans la crainte d'être saccagée: l'heureux tyran y entra enseignes déployées, harangua le peuple dans la place publique, & promit de bouche, ce que son cœur démentait, c'est-à-dire, de faire revivre les beaux jours de la République.

Cependant Telesinus, le plus expérimenté des Généraux Samnites, s'étant joint à Damasippus, à Carrinas, & aux autres chefs de la faction expirante de Marius, s'approchait de Rome dans le dessein de la surprendre : parti de son camp dans le silence de la nuit, il sut si bien dérober sa marche à Pompée, qui le surveillait, qu'il arriva à une demi-lieue de la Ville, avant qu'on soupçonnât son départ ; dès qu'on vit du haut des remparts flotter les drapeaux Samnites, la terreur fut aussi grande, que si on avait vu Annibal au pied du Capitole ; Sylla rassura un peu cette multitude éperdue, en faisant ranger son armée en bataille.

L'action commença à trois heures après-midi & fut très-sanglante ; Crassus, qui commandait l'aîle droite des Romains, remporta une victoire complette ; mais ayant eu l'imprudence de poursuivre les fuyards avec trop d'activité, il fut sur le point de trahir la cause de son Général :

l'aîle gauche, où Sylla était en personne, fut singulièrement maltraitée : Telesinus s'allait de rang en rang, criant à ses Samnites : *Que le dernier jour de Rome était venu, & que pour anéantir la race odieuse des tigres de l'Italie, il fallait renverser leur repaire.* Sylla se vit un moment dans le danger le plus éminent qu'il eût couru de sa vie : c'est alors que l'absence de la fortune, mit à découvert son défaut de génie : au lieu d'en imposer à l'ennemi par quelque manœuvre inconnue, au lieu de tirer parti de ses fautes mêmes par ce sang froid qui maîtrise les évènemens, il s'amusa à tirer de son sein un petit simulacre d'Apollon, qu'il avait enlevé de Delphes, & qu'il regardait comme son palladium ; il le baisa avec transport, & implora son secours : le Dieu, comme on s'en doute bien, ne fit point de miracle, & Sylla, après avoir vu égorger autour de lui une foule de Citoyens de marque, fut entraîné lui-même dans la déroute de ses légions. L'allarme fut si grande, que quelques fuyards étant venus dire à Ofella, que les Samnites étaient dans Rome, peu s'en fallut que le siège ne fût levé.

Enfin Sylla reprit le dessus, sans que l'Histoire nous donne des lumières sur les manœuvres qui ramenèrent la victoire sous ses drapeaux : tout ce qu'on sait, c'est qu'à l'entrée de la nuit les Samnites plièrent à leur tour, & que Telesinus fut blessé à mort ; on trouva le lendemain ce Général sur le champ de bataille, ayant encore un reste de vie, & conservant dans ses regards un air de fierté, que les approches même de la mort n'avaient pu lui faire perdre. Les Romains s'emparèrent de son camp, & grace à la haine que Sylla avait inspirée à ses légions, tout ce qui était Samnite fut massacré. Cette victoire entraîna la chute de la confédération sociale, & anéantit pour jamais la faction de Marius.

NOUVELLES BARBARIES DE SYLLA. CARNAGE DANS ROME. PROSCRIPTIONS.

SYLLA ſerait deſcendu avec une ſorte de gloire dans la tombe, s'il avait ceſſé de vivre le jour qu'il ceſſa de vaincre; mais il abuſa, avec la dernière inſolence, de ſon triomphe ſur les Samnites & ſur ſes Concitoyens, & la paix qu'il donna à Rome fut plus fatale que ſi, en vertu du droit de conquête, il l'avait livrée au pillage.

Il y a dans le premier trait de barbarie, que l'Hiſtoire rapporte de ce tyran, une complication d'atrocités qui fait frémir. Le lendemain de la bataille contre les Samnites, Sylla marchant à la pointe du jour pour ſurprendre un gros des ennemis, retiré ſous les remparts d'Antemne, vit venir à lui des députés d'un corps de trois mille hommes pour capituler avec lui; il leur promit toutes sortes de sûreté, & sur-tout la vie sauve, s'ils voulaient mériter leur grace en attaquant ceux de leurs compagnons qui n'étaient pas encore soumis. Il voulait les rendre vils avant de les punir : ces hommes lâches consentirent, pour vivre, à se battre, comme des Gladiateurs dans une arêne, avec leurs camarades. Il y eut donc une action où un grand nombre de ces malheureux s'entretuèrent : quand les soldats furent las de voir couler le sang, Sylla rassembla tout ce qui restait des vainqueurs & des vaincus, au nombre de six mille hommes, les enferma dans le cirque, & assembla en même temps le Sénat dans le Temple de Bellone.

Pendant que le Despote dictait tranquillement ses loix à la noblesse Romaine, tout-à coup un tumulte affreux se fait entendre ; c'étaient les cris de ces six mille victimes que Sylla faisait égorger de sang-froid par ses légions : les Sénateurs se troublent, leur visage s'altère ; mais le tyran, avec le calme de la scélératesse, lorsqu'elle a banni les remords : *Qu'on m'écoute avec attention*, dit-il, *ces clameurs ne sont pas dignes de vous distraire, elles partent de quelques mauvais Citoyens que je fais châtier.*

Ce massacre fut le signal du plus affreux carnage. Ses soldats se répandirent dans Rome, & immolèrent tout ce qui fut soupçonné d'avoir été de la faction de Marius; & comme ces assassins ne trouvaient aucune résistance, enhardis par l'impunité, la plûpart après avoir assouvi la fureur de leur Général, satisfirent leur haine particulière. *Sylla*, dit en propres termes le Philosophe de Cheronée, *pour reconnaître les services de ses amis & des gens de sa Maison, leur abandonna la vie de tous les Citoyens qu'ils haïssaient.* Tel est ce fameux vengeur des loix, dont l'illustre Montesquieu a eu la faiblesse de faire l'éloge; mais nous ne sommes encore qu'à la première page du livre affreux où sont consignées ses fureurs.

Quand Rome eut essuyée quelque temps toutes les horreurs d'une Ville prise d'assaut, quelques plaintes s'élevèrent du sein du Sénat contre l'homme de sang qui les avait ordonnées : Catulus, fils du vainqueur des Cimbres, ne put s'empêcher, de dire devant sa Compagnie : *Quels sont donc les Citoyens qui vont nous rester, si nous massacrons sur le champ de bataille ceux qui ont les armes à la main, & si nous assassinons dans le sein de la paix ceux qui les ont quittés ?*

Métellus poussa le courage encore plus loin : *Sylla*, lui dit-il, *quel sera enfin le terme des malheurs de Rome ? Nous ne cherchons point à sauver ceux que tu as condamné à périr : tire seulement d'inquiétude ceux à qui tu consens de laisser la vie. — Il suffit*, répondit le tyran farouche, *je ne tarderai pas à remplir l'attente du Sénat ;* & il dressa ces fameuses Tables de proscription, destinées à éclairer la licence, & à mettre une sorte d'ordre dans le brigandage.

Dès

Dès le lendemain, parut la première Table; elle contenait les noms de quatre-vingt Citoyens de marque, à la tête desquels se trouvaient les deux Consuls actuels Carbon & Marius, les deux Consuls de l'année précédente, Norbanus & Scipion, ainsi que tous les Chefs de la faction anéantie, tel que le fameux Sertorius. Cette Table fut affichée dans la place publique, sans avoir été communiquée à aucun Magistrat, & sur les murmures qui s'élevèrent, Sylla rendit publique une nouvelle liste de deux cents vingt proscrits, & bientôt après, une troisième, qui renfermait le même nombre de victimes. Le tyran, au milieu de toutes ces horreurs, haranguait froidement le peuple, & lui disait qu'il n'avait proscrit que les Citoyens dont les noms avaient le plus frappé son imagination, mais qu'à mesure que ceux des autres se présenteraient à sa mémoire, il leur ferait partager la même destinée; il protesta ensuite qu'il ne pardonnerait à aucun de ses ennemis;

& le serment, en cette occasion, était inutile; quand il s'agissait de se rendre le dernier des hommes, le tyran méritait d'en être cru sur sa parole.

On mettait à l'encan les biens des proscrits, soit qu'ils eussent été tués, soit qu'ils se fussent dérobés à la mort par un exil volontaire. Leurs enfans dépouillés de leur patrimoine, l'étaient aussi du droit de remplir les charges de la République; & pour comble d'injustice, les fils des Sénateurs dégradés ou assassinés, furent contraints de soutenir les charges du Sénat, sans en partager les privilèges.

Cette idée qui avait échappé aux Cambyse & aux Phalaris, de tourmenter ses victimes jusques dans les générations à naître, n'a pas échappé au pinceau vigoureux de Salluste. « Sylla, dit-il, est le » seul, qui depuis l'établissement des so» ciétés, ait préparé des supplices à » l'homme qui n'est pas encore né: [illegible] » malheureux n'est pas encore assuré de » vivre, & il est assuré de souffrir. »

Ce qui rendait les assassinats ordonnés par [illegible] encore plus odieux, c'est qu'ils étaient payés en raison de leur énormité; en général, les trésors de chaque proscrit appartenaient à celui qui l'avait égorgé; & suivant l'expression énergique de Paterculus: *L'infortuné était lui-même le salaire de sa mort* (a). Ainsi, plus la victime était illustre, & plus il revenait [illegible] au scélérat qui l'avait frappé.

Le glaive de la tyrannie était tellement appesanti sur Rome, qu'il n'y avait ni temple des Dieux, ni maison paternelle, ni foyer domestique consacré à l'hospitalité, qui mît à couvert de ses homicides; le sang ruisselait de toutes parts; on égorgeait les enfans dans le sein de leurs mères, & les femmes dans les bras de leurs époux.

L'Edit de proscription faisait un crime d'état de la pitié; il imposait la peine de mort à quiconque donnerait un asyle

(a) *[illegible] que quisque merces mortis suæ.*

à un proſcrit, fût-on lié avec lui par les nœuds du ſang, ou par ceux de l'amitié. Ce que je vais ajouter, eſt d'une atrocité ſi rare, que je ſuis contraint de tranſcrire Plutarque pour me faire croire : *Le prix ordinaire de chaque homicide était deux talents, fut-ce un eſclave qui tuât ſon maître, ou un fils qui aſſaſſinât ſon père.*

Il y eut dans Rome ſeule, en vertu des Tables de Sylla, quatre mille ſept cents aſſaſſinats, & ſur ce nombre, on fit périr plus de deux mille, tant Sénateurs, que Chevaliers ou Magiſtrats; car le tyran dédaignait des victimes obſcures; & il rougiſſait ſi peu d'être le boureau de ſes Concitoyens, qu'il faiſait inſcrire les noms des proſcrits à meſure qu'on les mettait à mort, ſur les regiſtres de l'Etat, comme s'il eût conquis un Royaume ennemi, ou ſauvé le Capitole.

On ſe doute bien que dans cette foule effroyable de Citoyens immolés, ſuivant l'opinion publique, à la vengeance de Sylla, il y en eut un très-grand nombre qui ne périrent que victimes de la cupidité de leurs assassins : l'un pouvait dire, je dois la mort à ma Maison, qui excite l'envie; l'autre, ce sont mes jardins magnifiques qui ont armé contre moi mes boureaux. L'Histoire cite à cet égard un trait fait pour émouvoir l'ame la plus froide : il y avait dans Rome un simple Citoyen, nommé Aurélius, du caractère le plus paisible, & qui se contentait de gémir en secret des calamités publiques, sans se permettre le plus léger murmure contre ceux qui en étaient les auteurs. Un jour qu'il traversait la place publique, un mouvement de curiosité le porta à lire le tableau où se trouvait le nom des proscrits; il n'était pas encore au milieu de la liste, qu'il rencontra le sien : *Ah malheureux*, s'écria-t-il, *c'est ma terre d'Albe qui me perd !* Il continua ensuite son chemin en silence; mais à peine avait-il fait quelques pas, qu'il tomba dans un détachement des satellites de Sylla, & il fut massacré.

Un autre Citoyen, qui n'avait jamais été initié dans les mystères du gouvernement, & qui ne croyait être connu, ni de Sylla, ni de Marius, parcourait aussi par un mouvement naturel de curiosité, la liste fatale; mais à la différence d'Aurélius, à chaque nom qu'il lisait, il donnait l'essor à sa critique amère, & en flétrissant la mémoire du proscrit, il semblait justifier sa proscription; il n'était pas encore à la fin du tableau, quand il apperçut son nom; il pâlit, son trouble le décèle, & il est poignardé.

Parmi les Ministres des fureurs de Sylla, on distinguait Catilina, nom devenu fameux dans la liste des grands scélérats, qui ont été les fléaux des hommes; c'est à l'école du farouche vainqueur de Marius qu'il fit l'apprentissage des crimes qui ont sauvé sa mémoire de l'oubli: il commença par assassiner son frère; ensuite pour s'assurer l'impunité, il obtint de Sylla, que le mort fût mis au rang des proscrits: le tyran avait besoin d'être entouré de parricides, aussi il donna toute sa confiance à Catilina; en particulier, il le mit à la tête des soldats Gaulois, qui faisaient toutes ses sanglantes exécutions; celui-ci répondit parfaitement à l'attente de Sylla: il alla chercher jusqu'aux pieds des autels de malheureux proscrits qu'il fit mettre à mort; & Cécilius, un des premiers Chevaliers Romains, qui avait épousé sa sœur, s'étant trouvé du nombre, pour prouver aux tyrans de Rome qu'ils lui tenaient lieu de la nature entière, il l'assassina de sa propre main.

Le trait qui fit le plus d'honneur à Catilina, aux yeux du Despote de Rome, fut le supplice de Marius Gratidianus; mais je n'ai pas le courage de tourmenter ma pensée, pour rendre avec les couleurs qui lui conviennent cet horrible tableau: l'Instituteur de Néron l'a tracé avant moi, & je ne veux être que son interprète. « Ce Marius, à qui Rome avait » érigé des statues, en l'honneur desquels » on brûlait de l'encens, & qui jouissait

» vivant de ſon apothéoſe; ce Marius, » dis-je, eut les cuiſſes caſſées, les mains » coupées & les yeux arrachés par l'ordre » de Sylla. Ce barbare n'ayant pu le faire » mourir autant de fois qu'il le bleſſait, » ne le déchirait que lentement, afin » de promener ſur lui la douleur de » membre en membre. Et qui était l'exé» cuteur de cet arrêt ſanguinaire? Cati» lina, qui s'exerçait déjà à frapper la » Patrie de plusgrands coups encore. C'eſt » ſur la tombe de Catulus, comme pour » inſulter à la cendre du plus doux des » hommes, que ce ſcélérat déchiquetait » ſa victime. C'eſt auprès de ce monu» ment, qu'un Citoyen dangereux ſans » doute, mais chéri du peuple, perdait » tout ſon ſang goutte à goutte. Marius, » il faut peut-être en faire l'aveu, était » digne de ſouffrir un tel ſupplice, Sylla » de l'ordonner, Catilina d'en être l'exé» cuteur; mais Rome méritait-elle de re» cevoir à la fois dans ſon ſein les glaives » des vaincus & ceux des vainqueurs,

» qui semblaient se disputer à qui lui se-
» rait de plus profondes blessures » ?

Le compilateur Valère Maxime ajoute deux circonstances à ce récit de Sénèque, c'est qu'un Sénateur, qui était présent à cet horrible spectacle, s'étant évanoui, on rappella ses sens pour l'égorger sur le cadavre mutilé de Marius, & que quand cette double exécution fut achevée, Catilina, pour joindre le sacrilège à la férocité, alla laver ses mains teintes de sang, dans le bassin d'eau lustrale du temple d'Apollon.

Pendant que Rome se renversait ainsi sur elle-même, & que ses meilleurs Citoyens n'avaient que le triste courage de se dérober au supplice par le suicide, il y avait dans son sein un enfant qui apprenait aux hommes d'état des Républiques, que quand l'excès de la tyrannie a réduit tout le monde à la défense naturelle, il n'y a plus que le poignard de Brutus qui puisse régénérer la Patrie, & la rendre à elle-même : cet enfant est le célèbre Caton d'Utique, alors âgé de quatorze ans; comme sa famille était de la faction dominante, Sarpédon, son Instituteur, le menait souvent chez Sylla, se flattant par-là de le jetter avant l'âge dans la carrière des honneurs : mais la maison de Sylla était une espèce de repaire de bêtes féroces; on n'y voyait que des têtes sanglantes ou des Citoyens à demi-morts d'effroi, qu'on venait enlever à ses genoux, pour les traîner au supplice. L'enfant dont l'ame était encore toute neuve, ému d'un pareil spectacle, demanda un jour à ses instituteurs, pourquoi le tyran vivait : *C'est*, lui répondit-on, *parce qu'on le craint encore plus qu'on ne le hait.* — *Eh bien*, s'écrie Caton, *qu'on me donne une épée : dans un moment la Patrie sera libre.* — Il prononça ces mots d'un ton de voix assuré, qui fit trembler Sarpédon; mais ce dernier n'avait rien de commun que le nom avec le vieux Héros d'Homère, il desira que Caton vécût, & Rome ne fut point sauvée.

» Cependant, malgré le machiavélisme de Sylla, quelques proscrits se sauvèrent; le plus célèbre d'entr'eux est Jules César, qui entrait dans sa dix-huitième année; il était neveu de Marius, par sa femme, et il venait récemment de contracter un nouvel engagement avec sa faction, en épousant la fille de Cinna, que le tyran de Rome, malgré sa toute-puissance, ne put l'engager à répudier : son nom fut donc mis dans la liste fatale, et pour se dérober à ses assassins, il se vit réduit, malgré la fièvre quarte dont il était atteint, à changer presque toutes les nuits de retraite. Pendant ce temps-là des amis puissans sollicitaient pour lui; Sylla resta long-temps inflexible; enfin, cédant à leurs instances : *J'y consens*, dit-il, *je vous accorde sa grace; ce César ne vous paraît qu'un enfant; mais je vous prédis qu'il détruira un jour votre ouvrage. Cet enfant vaut lui seul plusieurs Marius.*

Quand Sylla eut un peu étanché dans Rome sa soif du sang humain, il chercha à dévaster les Provinces, en étendant sur elles son Edit de proscription : sa première victime fut le jeune Marius, alors Consul, qui soutenait contre toutes les forces Romaines le siège de Preneste. La Ville aux abois ayant capitulé, l'infortuné tenta de se sauver par une galerie souterraine qui conduisait dans la campagne, mais il en trouva l'issue gardée par des soldats ; alors il ne vit plus d'autres voies pour se dérober aux supplices qui l'attendaient, que de se battre, comme un vil Gladiateur, avec le jeune Telesinus, fils du Héros Samnite, & le compagnon de ses infortunes. La fortune trahit encore son espérance dernière, il ne put réussir qu'à tuer son ami, & se trouvant simplement blessé, il fut obligé de se faire achever par un de ses esclaves. Sa tête fut portée à Sylla, qui, insultant à la jeunesse de ce Consul : *C'était la rame*, dit-il, *que cet insensé devait apprendre à manier, avant de prendre en main le gouvernail.*

Sylla se transporta lui-même dans Preneste après sa capitulation ; Ofella, son Lieutenant, qui avait présidé au siège, avait déjà condamné à mort tous les Sénateurs du parti de Marius ; mais ce n'était là que le prélude des vengeances horribles du tyran. Il fit partager en trois bandes, tous les habitans de cette Ville infortunée ; les Citoyens Romains, les Bourgeois de Preneste & les Samnites : il dit aux premiers qu'ils méritaient d'être envoyés au supplice, mais qu'en considération de Rome, cette Patrie commune des vaincus & des vainqueurs, il leur faisait grace. Les Samnites, auxquels il ne pardonnait jamais, furent condamnés à la mort ; quant aux Prenestins, il déclara qu'il examinerait, s'ils méritaient sa justice ou sa clémence ; mais bientôt trouvant la discussion trop longue, il ordonna qu'ils fussent tous massacrés : un seul habitant de la Ville fut excepté, c'est celui chez qui il logeait avant la guerre civile : mais cet homme généreux déclara, qu'il ne voulait point devoir la vie au boureau de ses Concitoyens; il se plaça dans la file des infortunés qu'on passait au fil de l'épée, & on l'égorgea.

On croit que le nombre des hommes qui furent ainsi assassinés de sang froid dans le sac de Preneste, montait à douze mille; il n'y eut d'épargné que les enfans & les femmes: après cette exécution atroce, la Ville fut abandonnée au pillage.

Un grand nombre d'autres Villes d'Italie furent punies d'avoir existé du temps de Sylla: les unes furent mises à l'encan, telles que Spolète, Interamne & Florence: on fit le procès à d'autres, avant même qu'elles fussent prises. Sulmo, une des Métropoles des Volsques, fut dans ce cas, & on la condamna à être rasée. Quand aux chefs-lieux du pays des Samnites, on fit passer la charrue sur leurs murs, sur leurs Temples & sur leurs édifices.

Quand il ne resta plus autour de Rome d'aliment à la tyrannie, Sylla tenta de promener sa fureur jusqu'aux dernières limites de l'Empire ; il envoya des brigands soudoyés en Sicile, en Espagne & en Afrique, poursuivre les restes du parti de Marius. Par-tout sa sinistre étoile lui fit trouver des victimes. Le Consul Carbon était parti des ruines de Carthage, & s'était avancé en mer jusqu'à une isle de Cossura, pour avoir des nouvelles sûres de l'Italie. Un Sénateur, du grand nom de Brutus, se chargea d'aller jusqu'à Lilybée, sur une petite barque de pêcheur, pour être plus à portée de s'instruire des révolutions de la République ; mais la barque fut arrêtée, & Brutus, sans espérance de se sauver, appuya la garde de son épée contre le banc des rameurs, & se jettant sur la pointe de tout le poids de son corps, se tua. Pour Carbon, il fut pris dans l'isle de Cossura, & amené à Pompée, le Lieutenant de Sylla en Sicile. Le moment où le Juge & l'Accusé se virent, était fait pour donner une idée des jeux terribles de la fortune ; Pompée était un simple Chevalier Romain, &

avait à peine vingt-quatre ans, & on traîna devant lui, avec ignominie, le chef de la République, alors Consul pour la troisième fois; ce jeune satellite de Sylla représenta alors le tyran de Rome, avec toute son insolence & toute sa férocité; il invectiva du haut de son tribunal contre ce proscrit prosterné devant lui, & qui embrassait ses genoux, ensuite il l'envoya au supplice. Carbon, de son côté, sembla, par la lâcheté de sa mort, justifier ce grand attentat de Pompée; aussi vil dans son malheur, qu'il avait été superbe & cruel dans sa prospérité, afin de gagner quelques momens d'une vie misérable, il feignit une colique, qui l'obligeait de se retirer dans un lieu d'aisance, & il demeura dans ce honteux asyle, jusqu'à ce qu'un soldat impatient vînt lui couper la tête.

La mort de Soranus excita aussi une indignation générale contre Pompée; ce Patricien illustre, avait été Prêteur, &, ce qui intéresse bien plus la postérité, il

cultivait

cultivait la Philoſophie & les arts, avec un ſuccès qui ſemblait promettre à Rome un ſiècle de Périclès; le Lieutenant de Sylla lui fit un accueil perfide, ſe promena long-temps avec lui, le queſtionnant ſur une foule d'objets divers, & quand ſa curioſité fut pleinement ſatisfaite, il l'envoya au ſupplice.

Pompée, qui d'ailleurs avait une judiciaire excellente, eut le malheur d'adopter dans ſes premières campagnes cette théorie atroce du deſpotiſme, dont il rougit ſans doute, quand, après la mort de Sylla, il lui fut permis de ſuivre la pente de ſon cœur indulgent & ſenſible. Cette théorie avait tellement égaré ſon imagination, neuve encore, que les Mamertins, à qui il voulait ôter leurs privilèges, lui ayant cité la conſtitution Romaine : *Il s'agit bien*, dit-il, *de citer des loix à un Juge qui a l'épée à la main !*

On ne retrouve guères le Pompée, qui devint dans la ſuite l'idole des Romains, que dans le jugement d'Hymère, une des

Métropoles de la Sicile. Sthénius, un des premiers Citoyens de cette Ville proscrite, vint trouver le Lieutenant de Sylla: *Ma Patrie*, lui dit-il, *a suivi la loi de Marius; mais un seul homme est coupable du crime de sa défection. — Eh quel est cet homme odieux? — moi: j'ai montré Marius comme le dernier des Romains; j'ai amené à son parti une partie de mes Concitoyens par la persuasion, j'y ai entraîné les autres par force; sans moi, tu n'aurais ici personne à punir.* Pompée aimait cette noble fierté que donne la grandeur d'ame, & oubliant un moment qu'il représentait le tyran le plus implacable, il demanda à Sthénius son amitié, au lieu de l'envoyer au supplice.

DICTATURE DE SYLLA. SON ABDICATION ET SA MORT.

SYLLA, depuis ſon entrée dans Rome, était plus Roi que Tarquin; mais l'épée qui donne le pouvoir, peut le ravir: le ruſé tyran chercha à colorer ſes uſurpations ſous un titre reſpecté, & il s'arrêta à la Dictature.

Ce fut dans une lettre à Valérius Flaccus, Prince du Sénat, & actuellement Interroi, que Sylla dicta ſa volonté ſuprême à la République; il le chargea de déclarer au peuple Romain, en ſon nom, qu'il fallait un Dictateur, non pour un temps déterminé, mais juſqu'à ce que l'Empire fût remis des ſecouſſes qui l'avaient bouleverſé. Il était évident que c'était ſe propoſer lui-même; au reſte, pour diſſiper à cet égard tous les nuages qui pouvaient voiler ſa politique, il ajouta au bas de la lettre, que ſi Rome voulait lui impoſer ce fardeau, il consentait à lui rendre encore ce service.

Cette lettre prouvait aux Romains que leur liberté était anéantie; mais voyant la chose s'échapper, ils se hâtèrent d'en saisir le nom, & ils donnèrent leurs suffrages à Sylla, comme s'ils avaient été les maîtres de les lui refuser; il y avait six vingts ans que la sagesse Romaine avait laissé dormir la Dictature.

Cette Magistrature, déjà effrayante par elle-même, le devint bien davantage par les prérogatives étranges que l'adulation y ajouta; il fut statué, non-seulement que la République ratifierait toutes les violences exercées contre la faction de Marius, mais encore que Sylla aurait plein pouvoir de faire tout ce qu'il jugerait à propos, d'envoyer, sans forme judiciaire, les Citoyens au supplice, de bâtir les Villes & de les détruire, d'ôter à son gré, ou de distribuer les couronnes.

Le Dictateur sentait peut-être que dans la politique naturelle qui enchaîne entre elles les nations, un pouvoir aussi illimité ne peut être donné à personne, à moins que les Electeurs ne soient dans le délire, ou que le Despote ne soit l'Être Suprême; mais Sylla ne donna pas à sa nation le temps de réfléchir; il parut dans la place publique avec l'appareil le plus terrible, entouré de sa garde ordinaire, & precédé de vingt-quatre Licteurs qui portaient la hache au milieu des faisceaux. Le temps des Comices arrivé, Ofella, un de ses Lieutenans, qui venait de prendre Preneste, voulut, malgré sa défense, demander le Consulat; mais le superbe Dictateur envoya un Centurion l'égorger, au milieu du peuple dont il sollicitait le suffrage: à ce meurtre, la multitude s'émeut, on arrête le Centurion, & on l'amène aux pieds de Sylla. Celui-ci ne se déconcerte point: *J'ai ordonné, dit-il, la mort d'Ofella, & ce Centurion n'a fait que m'obéir*; ensuite il fit au peuple une espèce d'apologue, où il le menaçait de l'exterminer, s'il provoquait encore son reſſentiment. Cet apologue eſt peut-être le germe du fameux vœu de Caligula, & Sylla, qui le prononça, mourut dans ſon lit.

Quand Sylla, promenant ſes regards autour de lui, vit qu'il n'avait ni ennemis, ni rivaux, tranquille ſur la durée de ſon pouvoir, il ſongea à triompher de Mithridate : ſon entrée dans Rome égala celle des Mummius & des Scipion, parce qu'on y étala les dépouilles de l'Aſie : on peut en juger par l'or & l'argent en lingots qu'on expoſa aux yeux du peuple. A en croire les Hiſtoriens, on y compta cinquante-ſix mille marcs d'or, & deux cents quarante-deux mille d'argent, ce qui formerait une ſomme de près de cinquante-trois millions de notre monnaie ; il eſt vrai qu'il y en avait une partie ſauvée de l'incendie du Capitole.

Sylla, après ſon triomphe, agrandit l'enceinte de Rome : c'était un privilège réſervé aux guerriers qui avaient agrandi l'Empire même, & le ſuperbe Dictateur eſt le dernier des Généraux de la République qui en ait joui.

Les Ecrivains modernes qui ont écrit des Hiſtoires Romaines, ont tous vanté les actes de la Dictature de Sylla, comme s'il avait voulu légitimer ſon deſpotiſme en le faiſant aſſeoir ſur la félicité publique: mais une lecture attentive des originaux me démontre que ce Deſpote, tant qu'il régna, ne fit que le mal, ou gâta, par ſes vues criminelles, le peu de bien qui lui échappa: les faits, à cet égard, ont plus de droit à notre créance, que les déclamations oratoires, ou les ſophiſmes des Philoſophes.

La manière dont Sylla vendit le reſte des biens des proſcrits qui n'avaient pas été le prix de leur aſſaſſinat, eſt un acte, non de légiſlation, mais de brigandage; il appellait ces biens de nom odieux de dépouilles, & du haut de ſon Tribunal, il les adjugeait d'une façon ſi hautaine & ſi arbitraire, qu'il bleſſait encore plus par ſes largeſſes que par ſes rapines. Il prodiguait ces confiſcations à des hiſtrions, à des courtiſanes, ou à des eſclaves qui avaient acheté la liberté par leurs crimes; quelquefois même quand la proſcription avait embraſſé des nations entières, il accordait à ces vils favoris les revenus d'une Ville, ou la ſouveraineté d'une Province.

Sylla récompenſait encore d'une manière bien étrange ces abominables inſtrumens de ſes crimes ou de ſes plaiſirs; il leur donnait des femmes, malgré elles, & les leur faiſait épouſer. Ce mot *malgré elles*, qu'on voit dans le texte de Plutarque, autoriſe à croire que c'étaient les veuves des proſcrits; & il n'exiſte de termes aſſez énergiques dans aucune langue, pour exprimer l'horrible ſituation de l'héritière d'un triomphateur Romain, qui, en vertu de l'ordonnance d'un Deſpote, ſe voyait violée tous les jours par un bateleur, ou par un eſclave.

Pompée, le grand Pompée, qui l'avait ſi bien ſervi dans la guerre civile, ne fut pas à l'abri de ces vexations, que Sylla honorait du titre de récompenses ; cet homme célèbre aimait sa femme, & en était tendrement aimé : l'impitoyable Dictateur qui voulait, à quelque prix que ce fût, faire alliance avec lui, le contraignit à répudier cette Romaine, & lui fit épouser Métella, sa petite-fille, qu'il arracha, toute enceinte qu'elle était, des bras de Manius Glabrio, son mari ; mais ce second hymen ne répondit pas à l'attente du scélérat puissant sous les auspices duquel il avait été conclu. Métella mourut en couches, & ne donna point à Pompée d'héritier, dont Sylla pût s'enorgueillir.

Sylla se fit aimer des soldats ; mais ce fut pour assurer l'impunité à ses brigandages : c'est ainsi qu'il partagea entre vingt-trois légions répandues dans l'Italie des domaines immenses, dont il dépouilla le domaine public, ou qu'il enleva aux Villes qui s'étaient attiré sa colère ; ce n'étaient pas les vainqueurs de Mithridate, qu'il cherchait à récompenser, mais les vainqueurs de Marius : par-là les encouragemens qu'il donnait aux services militaires devenaient une plaie nouvelle faite à la constitution de la République.

Les guerres civiles & les proscriptions avaient fait disparaître la fleur du Sénat : Sylla ajouta trois cents Membres à cette Compagnie, qu'il tira de l'Ordre des Chevaliers, & pour lesquels il demanda le suffrage du peuple assemblé par Tribus; mais on voit que c'était pour maîtriser le premier Ordre de l'Etat, & assurer quelque durée aux actes de sa Dictature; l'espèce d'hommage qu'il rendait à la souveraineté du peuple, en recueillant son suffrage, était purement illusoire; car cette même multitude avilie qui avait élu Dictateur le tyran qu'elle détestait, n'aurait osé nommer aux places vacantes du Sénat, l'homme courageux qui pouvait demander compte à Sylla des horreurs de sa Dictature.

Enfin il créa dix mille nouveaux Citoyens; mais il les choisit, dit Appien, parmi les esclaves des infortunés qu'il avait proscrits & fait assassiner : ceux d'entr'eux qui lui parurent bien faits & dans la fleur de l'âge, obtinrent d'abord la liberté, & ensuite le droit de bourgeoisie avec le nom de Cornéliens, qui désignait la famille du Dictateur : *Le but du Législateur*, dit en propres termes l'Historien que j'analyse, *était d'avoir dix mille hommes toujours prêts à exécuter ses commandemens.*

Sylla se servit de l'énergie de la toute-puissance, pour rendre au code criminel de Rome, une partie de son ancienne vigueur ; il arracha à l'impunité les faussaires, les brigands qui altéraient les monnaies, les empoisonneurs & les assassins ; cependant pour ne pas mettre une contradiction trop palpable entre sa législation & sa vie, il fit une exception en faveur des meurtriers des proscrits, qui avaient gagné sa bienveillance par leurs attentats & leurs parricides.

La révolution que fit Sylla dans le

Gouvernement, ne prête pas moins à la critique des siècles, parce qu'il n'eut aucune grande vue en législation, parce qu'il ne fit des institutions que pour le besoin du moment, parce que même dans le bien passager qu'on lui vit opérer, il se laissa guider, non par le patriotisme, mais par un amour effréné pour la vengeance. Sylla voulut exister seul dans sa République; il chercha à tout bouleverser, pour tout rétablir; en un mot, son but fut de faire du bruit, mais le bruit n'est pas la gloire, & ce serait prostituer la renommée des Législateurs, que d'associer les noms sublimes d'un Solon, d'un Pen ou d'un Confucius, avec celui du farouche vainqueur de Mithridate.

Il eût été beau à Sylla de rétablir l'équilibre entre le peuple & la Noblesse, de manière qu'il y eût unité dans le Gouvernement, & que tous les intérêts individuels dérivassent d'un intérêt national, comme tous les rayons, d'un seul foyer de lumière : mais cet homme de sang, qui se disait le second Romulus de son pays, au lieu de balancer les pouvoirs, préféra d'anéantir celui qu'il détestait, pour relever celui qui lui était le moins odieux; on ne voit jamais dans sa réforme des abus, l'ami des Romains, encore moins celui des hommes; on n'y voit que l'ennemi de la faction de Marius.

Le Tribunat avait fait mille maux à la République; mais le Tribunat était un frein toujours subsistant contre les usurpations de la Noblesse: Sylla pouvait modifier cette Magistrature Plébeyenne, & lui fixer des limites que jusqu'alors elle n'avait pas connues. Il aima mieux ne lui laisser qu'un vain phantôme de pouvoir; il commença par ôter aux Tribuns le droit de faire des loix; ensuite il statua qu'on les tirerait désormais du Sénat, afin qu'ils fussent retenus par les préjugés de corps, dans les liens de l'aristocratie; enfin, il ordonna que quiconque aurait été revêtu de cette dignité populaire, ne pût prétendre à aucune autre Magistrature.

Sylla avait des ennemis puissans dans le corps de la Noblesse, il en fit couler le sang à torrens; & quand il vit que le Sénat, rempli de ses créatures, était à lui & non à la République, il lui donna une puissance énorme, qui, en nourrissant l'ambition de tout Patricien qui avait du génie, amena peu-à-peu le despotisme des Césars.

Il avait été singulièrement blessé des sept Consulats de Marius, & d'après ce principe de jalousie, il renouvella l'ancienne loi Romaine, de ne déférer de nouveau cette suprême Magistrature à un Citoyen, qu'après un intervalle de dix ans; encore viola-t-il lui-même sa loi, en se faisant nommer lui-même Consul l'année suivante, quoiqu'il n'y eût que sept ans révolus depuis son premier Consulat; en général Sylla ne fut Législateur que parce qu'il fut Despote, & il gâta ainsi son ouvrage, en introduisant le Despotisme dans la législation.

Il semblait que Sylla, maître paisible

de Rome, Dictateur & Légiſlateur, devait avoir, ſi non aſſez de grandeur d'ame, du moins aſſez de politique, pour éteindre le flambeau des proſcriptions: mais ce n'était pas la proſpérité qui pouvait regénérer cette ame de boue & de ſang.

Norbanus, un des chefs du parti de Marius, s'était retiré à Rhodes & y vivait obſcur, pour ne point éveiller les ſoupçons ombrageux d'un vainqueur: Sylla, inſtruit de ſa retraite, ordonna aux Rhodiens de le lui livrer, & pour ſauver un crime à ſes hôtes, ce perſonnage Conſulaire ſe rendit dans la place publique avec un poignard caché ſous ſa toge, & s'y tua.

Les villes de Nole & de Volaterre, ſoutenaient encore en Italie la faction proſcrite: Sylla donna les ordres les plus rigoureux à ſes Lieutenans, qui prirent ces places d'aſſaut, y répandirent le ſang le plus précieux, & les abandonnèrent au pillage.

Domitius Ahénobarbus, gendre de Cinna, s'était ligué avec un Roi de Numidie, & donnait des loix en Afrique : Pompée qui venait de pacifier la Sicile, aborda en partie à Utique, & en partie à Carthage, avec une flotte nombreuse qui portait six légions, vint trouver l'ennemi de Sylla, qu'il avait la faiblesse de regarder comme celui de la République, le vainquit, força son camp, & lui passa au fil de l'épée dix-sept mille hommes ; Domitius fut tué sur le champ de bataille.

Pompée entra ensuite dans la Numidie, fit périr le Roi qui avait donné un asyle à Domitius, & donna sa couronne à un Prince ami de Rome. Cette double expédition ne dura que quarante jours ; à son retour à Utique, le conquérant trouva des dépêches de Sylla, qui lui ordonnait de licentier ses troupes, & de ne garder qu'une légion. L'armée s'indigna de l'ingratitude du Dictateur, le traita publiquement de tyran, & offrit à Pompée de le venger ; mais le jeune Héros n'avait pas fait divorce avec la Patrie, il frémit de voir rallumer dans son sein une guerre civile, & jura de se tuer, si ses soldats continuaient à lui faire violence. Ce trait de grandeur d'ame calma l'émeute, & les troupes se laissèrent licentier.

Sylla, au retour de Pompée à Rome, lui fit un accueil flatteur, & lui donna le surnom de Grand, qu'il méritait de tenir d'une bouche moins impure, mais il lui refusa le triomphe, sous prétexte qu'il n'était encore qu'un simple Chevalier Romain. Le jeune guerrier ne plia point sous le despotisme du Dictateur; il sentait que la puissance du tyran était sur son déclin, tandis que la sienne était dans le période de son accroissement, & il eut l'audace de dire à son audience : *Que le Soleil, quand il se leve, a plus d'adorateurs que quand il se couche.* Sylla n'entendit pas d'abord ce mot hardi, qui ne fut peut-être prononcé qu'à demi-voix, mais voyant l'étonnement sur tous les visages, il se le fit répéter par un de ses adulateurs; alors, entraîné malgré lui par l'étoile de Pompée, il céda, & le jeune Héros qui n'était jamais entré au Sénat, profitant du sommeil des loix, obtint les honneurs du triomphe. L'Histoire observe, que pour le rendre plus éclatant, il voulut atteler des éléphans à son char, mais la porte de la Ville se trouva trop étroite, & il fut obligé de s'en tenir à des chevaux. Pompée n'osa pas triompher de Domitius, mais seulement des Numides : cette modération, & le soin qu'il eut de venir en sortant du Capitole reprendre son rang de simple Chevalier, lui firent plus d'honneur, aux yeux de Rome, que ses victoires.

Peu de temps après le triomphe de Pompée, le temps des Comices arriva, & Sylla prit un second Consulat, sans abandonner la Dictature ; cette année fut très-stérile en évènemens ; tout se ressentait, dans l'empire, de la léthargie profonde de l'esclavage.

L'année suivante, le peuple offrit un troisième Consulat à son Dictateur ; mais cet homme farouche, qui ſe trouvait dans ſon élément, quand il avait des ligues à renverſer & des têtes illuſtres à proſcrire, s'ennuyait depuis quelque temps, de ne faire ſervir la toute-puiſſance que d'un vain fil pour diriger des automates; il refuſa le Conſulat, & réſolut d'abdiquer la Dictature.

C'eſt ici ſur-tout que triomphe l'illuſtre Auteur de l'Eſprit des Loix; prêtant ſon génie à Sylla, il le fait parler en grand homme : « c'eſt tout le ſang que j'ai » verſé, qui m'a mis en état de faire la » plus grande de mes actions : ſi j'avais » gouverné les Romains avec douceur, » quelle merveille, que l'ennui, que le » dégoût, qu'un caprice m'euſſent fait » quitter le Gouvernement. Mais je me » ſuis démis de la Dictature, dans le » temps qu'il n'y avait pas un ſeul homme » dans l'univers, qui ne crût que la Dic» tature était mon ſeul aſyle. J'ai paru » devant les Romains, Citoyen, au mi» lieu de mes Concitoyens, & j'ai oſé

» leur dire : je ſuis prêt à rendre compte » de tout le ſang que j'ai verſé pour la » République : je répondrai à tous ceux » qui viendront me demander leur père, » leur fils, ou leur frère ; tous les Ro- » mains ſe ſont tus devant moi. »

Tout ce morceau ſerait excellent dans une Tragédie, mais l'Hiſtoire eſt un peu plus ſévère ; elle fait moins parler ſes perſonnages, mais elle les fait mouvoir. Ici les grands réſultats qui naiſſent des faits, détruiſent tout le preſtige de l'abdication de Sylla. *Cet homme extraordinaire*, dit Appien, *était dégoûté des guerres civiles, a domination commençait à être pour lui un fardeau, & il ſoupirait après la vie paiſible de la campagne.* Il eſt probable qu'un texte auſſi précis a échappé à l'érudition profonde de Monteſquieu.

Un autre motif bien plus puiſſant encore dans une ame auſſi vile que celle du vainqueur de Marius, était la pente invincible qui l'entraînait vers le plaiſir ; car ce tyran, tout dégoûtant qu'il était du ſang de ſes Concitoyens, courbait ſa tête ſexagénaire dans la fange des voluptés, comme s'il avait eu les graces & la vigueur d'Alcibiade : il s'honorait même du titre d'Epaphrodite ou favori de Venus, bien plus que de celui du vainqueur de Mithridate : dans les momens les plus orageux de ſa Dictature, il paſſait les nuits dans les Orgies les plus licentieuſes, avec des Hiſtrions, des Eunuques & des Courtiſanes. Il y avait même dans cette claſſe avilie, des êtres qui le gouvernaient, tels que le Comédien Roſcius, & Sorix l'Archimime. Son vrai favori était l'Hiſtrion Métrobe, qui jouait les rôles de femme dans les pièces dramatiques : *Quoique*, dit le bon Plutarque, *ce Métrobe approchât de la caducité, Sylla en était éperdument amoureux, & ne rougiſſait pas de l'avouer*. Il eſt difficile de croire que l'homme abominable qui, à ſoixante ans, ſe proſtituait à un Ganymède, ait aſſez connu la vraie gloire, pour abdiquer par patriotiſme la toute-puiſſance.

Enfin, le dirai-je? l'horrible maladie que Sylla contracta au sein de ses débauches, & qui avait déjà fait de grands progrès, vers le temps du triomphe de Pompée, acheva de le déterminer à abandonner le timon des affaires, & à vivre pour lui seul; il rougissait sans doute d'exposer aux regards d'une nation, qui faisait son apothéose, un corps couvert d'ulcères, & que les vers dévoraient avant qu'il entrât dans la tombe.

Ce qui donna un vernis d'héroïsme à l'abdication de Sylla, c'est qu'il se livrait sans défense aux enfans de ces milliers de proscrits qu'il avait fait égorger; mais il n'y avait du danger pour le Dictateur, qu'aux yeux d'une politique vulgaire. Le Sénat était plein de ses créatures, toutes les charges de l'État se trouvaient sur la tête de ses partisans: il avait dans Rome dix mille gardes sous le nom de Corneliens, outre cent vingt mille hommes, auxquels il avait donné des terres dans l'Italie, & qui n'attendaient qu'un ſignal pour ſe ranger ſous ſes drapeaux. Monteſquieu lui-même rend hommage à cette vérité, & ſon pinceau ſublime, tout en relevant Sylla, anéantit la merveille de ſon ſacrifice.

« J'ai un nom, fait-on dire au farouche » Dictateur, & il me ſuffit pour ma ſû- » reté. Ce nom arrête toutes les entre- » priſes, & il n'y a point d'ambition qui » n'en ſoit épouvantée. Sylla reſpire, & » ſon génie eſt plus puiſſant que celui de » tous les Romains. Sylla a autour de lui » Cheronée & Orchomène: Sylla a donné » à chaque famille de Rome un exemple » domeſtique & terrible : chaque Ro- » main m'aura toujours devant les yeux, » &, dans ſes ſonges mêmes, je lui ap- » paraîtrai couvert de ſang; il croira voir » les funeſtes Tables & lire ſon nom à la » tête des proſcrits. On murmurera en ſe- » cret contre mes loix, mais elles ne » ſeront pas effacées par des flots même » de ſang Romain. Ne ſuis-je pas au mi- » lieu de Rome? Vous trouverez encore

» chez moi le javelot que j'avais à Orchomène, & le bouclier que je portai sur les murailles d'Athènes. Parce que je n'ai point de licteurs, en suis-je moins Sylla? J'ai pour moi le Sénat avec la justice & les loix : le Sénat a pour lui mon génie, ma fortune & ma gloire. »

Il n'y eût rien de moins fastueux que la cérémonie de l'abdication de Sylla ; il se rendit dans la place publique avec son cortège ordinaire, monta à la Tribune aux Harangues, & déclara au peuple qu'il abdiquait la Dictature ; il descendit ensuite, renvoya ses Licteurs, & se promena tranquillement sur la place, accompagné d'un petit nombre d'amis. Le peuple qui ne s'attendait pas à voir dénouer ainsi la plus sanglante des tragédies, restait immobile de surprise & de saisissement : un seul Citoyen, c'était un jeune homme, & qui avait toute l'imprudence de son âge, voyant le lion désarmé, voulut se mesurer avec lui ; il reprocha au Despote ſa longue tyrannie, & comme perſonne ne ſe mettait en devoir de lui impoſer ſilence, enhardi par l'impunité, il pourſuivit ſa victime juſques dans ſa maiſon en l'accablant d'injures. Sylla que juſqu'à ce moment, perſonne n'avait oſé regarder en face, ſouffrit avec aſſez de ſtoïciſme ces outrages; ſeulement il lui échappa de dire en rentrant chez lui: *Si jamais un nouveau Sylla s'empare dans Rome de la toute-puiſſance, l'indiſcrétion de ce jeune homme l'empêchera de l'abdiquer.*

Peu de temps après ſon abdication, Sylla ſe retira dans une maiſon de plaiſance qu'il avait à Cumes, & s'y livra aux amuſemens champêtres de la chaſſe & de la pêche; mais il ne tarda pas à ſe repentir de n'être plus en ſpectacle à la terre, & il revint à Rome ſe rejetter dans le tourbillon des affaires publiques; il s'intrigua pour empêcher Lepidus d'être nommé au Conſulat, & la cabale de Pompée qui protégeait le Candidat, l'ayant emporté ſur la ſienne, il prédit au jeune Héros qu'il ſerait un jour piqué par le ſerpent qu'il nourriſſait dans ſon ſein. Cet oracle, que la ſimple politique pouvait prononcer, fut juſtifié par l'évènement.

Sylla ſe voyant ſans pouvoir, voulut du moins repréſenter; il avait fait des loix ſomptuaires, & il les viola. Plutarque parle des fêtes magnifiques qu'il donna au peuple à l'occaſion de la dixme de ſes biens qu'il avait vouée à Héracle; les feſtins publics furent ſi ſomptueux, qu'on y ſervait du vin de quarante ans, & que chaque jour on jettait dans le Tibre une énorme quantité d'alimens, que la multitude raſſaſiée rejettait avec dedain.

Au milieu de ces fêtes, Metella, l'épouſe de Sylla, fut attaquée de la maladie dont elle mourut. Les Prêtres qui, après les Courtiſanes & les Hiſtrions, avaient le plus de crédit ſur l'eſprit du tyran, lui firent entendre qu'une réjouiſſance religieuſe ne devait point être troublée par l'appareil lugubre de la mort. Sylla, pour anéantir ſes ſcrupules, employa un étrange moyen; ce fut d'envoyer à ſa femme mourante une lettre de divorce, & de la chaſſer de ſa maiſon. Metella mourut, & ſon époux, toujours inconſéquent, lui fit les plus pompeuſes funérailles.

Sylla, pour ſe conſoler de ſon veuvage, donna un ſpectacle de Gladiateurs. Pendant les jeux il ſe trouva par haſard aſſis, non loin d'une dame Romaine de la plus grande beauté; c'était Valeria, ſœur de l'Orateur Hortenſius, qui venait tout récemment de ſe ſéparer de ſon mari; cette Romaine s'approche de Sylla, appuye avec douceur la main ſur ſa toge, & en ôte une frange; le tyran ſe retourne ſurpris d'une pareille familiarité : *ne t'offenſe pas Sylla*, lui dit-elle, *tu es heureux, & je voulais en prenant quelque choſe de ce qui t'appartient, prendre part au bonheur qui t'accompagne.* Ce compliment flatta beaucoup Sylla : de ce moment les confidences naquirent, & la ſcène finit par un mariage.

Valeria, jeune, belle & vertueuſe, devait naturellement épurer les mœurs de Sylla; mais le cœur de cet homme abominable, était trop profondément cangréné; il continua, dit le Philoſophe de Cheronée, à entretenir un commerce infâme avec des Farceurs & des Comédiennes, s'enyvrant dès le matin avec ces vils Convives, & conſacrant la maiſon de la chaſte Valeria à toutes les Orgies dégoutantes d'un corps de garde.

Enfin le Ciel & la terre prirent leur victime: l'horrible incontinence de Sylla, en appauvriſſant dans ſes veines les principes de la vie, rendit incurable la maladie pédiculaire, dont il était déjà depuis longtemps atteint; ſes entrailles ſe corrompirent, & il ſortit de toutes les parties de ſon corps une effroyable quantité de vermine: une foule d'eſclaves avaient beau le nettoyer ſans ceſſe, le mettre dans le bain, ſon viſage, ſes habits, ſes alimens même étaient infectés. La propagation de cette vermine était ſi rapide, qu'elle ſemblait renaître, comme le Polype, ſous le couteau deſtiné à l'exterminer.

Sylla prévit ſa mort & chercha à ſe diſtraire : inſtruit de la méſintelligence qui régnait entre le peuple de Pouzzole & ſes Magiſtrats, il leur dreſſa un code de loix pour ſe gouverner : il acheva auſſi le vingt-deuxième livre des Mémoires de ſa vie, & il eut ſoin d'y inſérer une prophétie de quelques Aſtrologues Chaldéens qui lui annonçaient, *qu'après avoir été l'honneur de ſon pays, il mourrait dès qu'il aurait atteint le dernier période de ſa gloire.*

Sylla, *l'honneur de ſon pays*, au gré des lâches adulateurs, qui faiſaient le métier de Prophêtes, mourut dans l'opprobre & dans le crime comme il avait vécu. La veille du jour où il expira, ayant appris que le Queſteur Granius différait de payer de grandes ſommes qu'il devait à la République, perſuadé que la mort du Dictateur qui l'avait impoſé, éteindrait ſa dette, il le fit venir auprès de ſon lit de mort, & ordonna à ses esclaves de l'étrangler en sa présence: l'agitation qu'il se donna alors, fit crever un abscès dans ses entrailles qui lui donna une hémorragie, ses forces se perdirent, & il passa la nuit dans une agonie douloureuse, qui se termina par sa mort; il avait alors soixante ans, & il avait employé la moitié de sa carrière à bouleverser son pays & à tourmenter les hommes.

A la mort de ce monstre, l'indignation publique, trop long-temps concentrée, éclata avec énergie; une foule de Citoyens allèrent trouver le Consul Lépidus, pour empêcher qu'on ne fît des obsèques honorables au fléau de sa Patrie: mais Pompée, qui, sans titre, gouvernait déjà les Romains, se piqua de générosité; quoiqu'il fût le seul des amis de Sylla que celui-ci eût oublié dans son testament, il lui fit décerner une pompe funèbre digne d'un Souverain, & procura la plus grande sûreté à son convoi.

Nous avons eu occasion d'observer que

Sylla ne courant aucun danger, n'avait mis par conſéquent aucune grandeur d'ame à abdiquer la Dictature, & rien ne prouve mieux la juſteſſe de cette remarque, que la paix qui régna aux obsèques de ce grand ſcélérat. Le peuple qui aurait dû arracher le cadavre du lit de parade, comme il fit au convoi du père de Pompée, & le traîner avec un croc aux Gémenies, aſſiſta à cette cérémonie funèbre, avec autant de tranquillité qu'à un ſpectacle; on tranſporta le corps de Sylla, de ſa maiſon de plaiſance, à Rome ſur un lit de drap d'or; il était revêtu des ornemens de triomphateur, & vingt-quatre Licteurs marchaient devant avec les faiſceaux & les haches, comme lorſqu'il déployait tout l'appareil terrible de la Dictature : rien ne manqua à la pompe, ni le Sénat, ni l'ordre des Chevaliers, ni le Collège des Pontifes, ni celui des Veſtales; les dames Romaines partagèrent cet enthouſiaſme abſurde, & firent préſent d'une ſi grande quantité d'aromates, que ſans toucher à deux cents corbeilles qui en étaient remplies, des Artistes Romains firent, avec l'encens le plus précieux & le cinnamome, un grouppe qui représentait Sylla & son premier Licteur. Le délire de cette espèce d'apothéose fut couronné par la bassesse d'un des premiers Orateurs de la République, qui prostitua son éloquence à prononcer l'Oraison Funèbre du nouveau demi-Dieu. On sent assez qu'une Ville n'est plus libre quand elle décerne des honneurs aussi insensés à son tyran qui n'est plus : aussi la République, frappée du coup mortel par la Dictature de Sylla, ne fera désormais que languir dans une agonie douloureuse pendant les deux Triumvirats, jusqu'à ce que la bataille d'Actium lui fasse exhaler son dernier soupir ; la mort des brigands les plus abominables, faisant époque dans l'Histoire, ainsi que celle des grands hommes dont la terre s'honore, il faut bien annoncer que Sylla vit arriver le terme de ses longs attentats, l'an 675 de l'ère du Capitole.

GUERRES DIVERSES DES ESCLAVES. HISTOIRE DE SPARTACUS (a).

ROME, avant d'être esclave elle-même, s'était abaissée long-temps à combattre des esclaves. La première guerre de ce genre, dont l'Histoire daigne s'occuper, remonte un peu plus d'un demi siècle avant la dictature de Sylla. La Sicile en fut le théâtre, & malgré la bassesse des ennemis vaincus, les périls de cette expédition furent assez grands, pour mériter, à un Consul, les honneurs du petit triomphe.

La Sicile, devenue depuis la seconde guerre Punique, le grenier de l'Italie, se glorifiait d'une population immense; mais

(a) *Diod. Sicul.* in Biblioth. Phot. & in Excerpt. Valeſ. *Athen.* Deinopſoph. lib. 6. *Valer. Maxim.* lib. 2, 4 & 6. *Appian.* in bell. civ. lib. 1. *Flor.* lib. 3. Oroſ. lib. 5. *Plutarch.* in Craſſ. Caton. & Pompei.

il n'y avoit point de proportion entre le nombre des hommes libres qui l'habitaient & celui des Esclaves. On peut juger combien le luxe avoit propagé ces derniers, par la première émeute qui en mit tout-d'un-coup deux cents mille sous les armes: pour comble d'inexpérience politique, les Maîtres traitaient ces troupeaux innombrables d'Esclaves, qui tenaient leurs vies dans leurs mains, avec la même férocité dédaigneuse, sous laquelle les anciens Spartiates faisaient gémir les Hilotes. Le Gouvernement était instruit de l'oppression de tous ces infortunés; mais il ne daignait pas aller à leur secours; sans doute, parce qu'il ne les rangeait pas dans la classe des hommes.

Enfin les Esclaves voyant le silence des loix, songèrent à se faire justice eux-mêmes: il y avait dans Enna un Maître impitoyable, qui, de concert avec la furie qui lui tenait lieu d'épouse, se faisait un jeu de tourmenter tout ce qui l'environnait; ses Esclaves se soulevèrent; ils étaient au nombre de quatre cents ; ils allèrent consulter un Syrien, au service d'un autre Despote, qui se piquait de magie, prononçait des Oracles que le hasard vérifiait quelquefois, & se prétendait né pour porter un jour une couronne : celui-ci leur ayant promis l'assistance du ciel, ils le mirent à leur tête ; ensuite ils firent le procès à leurs tyrans, massacrèrent l'homme, & livrèrent la femme aux Esclaves de son sexe, qui, après lui avoir fait subir toutes sortes d'outrages, la précipitèrent du haut d'un rocher.

Ces hommes terribles, que la postérité des tyrans a qualifiés du titre de rebelles, furent plus justes que les coupables qu'ils punissaient : dans la famille d'oppresseurs dont ils venaient de se venger, était une fille née douce & sensible, qui se plaisait à consoler les infortunés qu'elle voyait souffrir, à leur porter de la nourriture quand ils étaient détenus dans des cachots, à panser leurs plaies quand on les déchirait à coups de verges. Les quatre cents Conjurés qui l'avaient rendue orpheline, respectèrent sa vertu, la comblèrent d'honneurs, & la menèrent en triomphe chez des parens qu'elle avait dans Catane.

Eunus, de son côté, (c'est le nom du Syrien Astrologue qui se disait né pour régner) fit deux classes, dans Enna, des bons Maîtres & des tyrans : il promit sa protection aux premiers, & fidèle à ses engagemens, il les sauva du carnage où le reste de la Ville fut enveloppé.

Cet exploit valut à Eunus, une royauté d'un moment. Les Esclaves l'ayant proclamé leur Souverain, il prit le nom d'Antiochus, ceignit le diadême, & mit assez d'intelligence dans sa manière de gouverner, pour rassembler sous ses drapeaux une armée de soixante & dix mille soldats : comme la conjuration éclata à la fois dans presque toutes les Villes de la Sicile, on croit que le faux Antiochus compta, pendant quelque temps, au rang de ses sujets, deux cents mille hommes.

Quatre Préteurs se présentèrent tour-à-tour devant les Esclaves, & furent défaits; alors Rome envoya pour les réduire, le Consul Fulvius, Collègue de Scipion l'Africain, qui, étonné de l'intrépidité de ces nouveaux ennemis, tint, à grande gloire, de n'avoir pas lui-même été battu.

Cependant il était temps que la République cessât de dédaigner le Roi Eunus; car l'épidémie de la révolte commençait à gagner l'Italie. On fut obligé de faire marcher les légions pour dissiper un corps de quatre mille Esclaves campé devant les murs de Sinuesse; il y eut une conjuration à Minturne, qui en fit conduire quatre cents cinquante au gibet : Rome même éventa un complot de cent cinquante autres, qui avaient des intelligences en Sicile, & qui furent traînés au supplice.

Un Consul Calpurnius Piso rétablit un peu dans la Sicile l'honneur des armes Romaines. Il livra une bataille à Eunus, qui assiégeait Messine, & remporta la victoire : huit mille Esclaves restèrent sur la place, & tous ceux qu'on fit prisonniers, expirèrent sur la croix.

Ce fut le Consul Rupilius qui termina la guerre : les Esclaves avaient deux places fortes qui leurs servaient d'asyle dans leurs défaites, Enna & Tauroménium : il alla faire le siège de la dernière, & fut si bien intercepter les convois, que la famine fit dans la Ville les plus horribles ravages. Cependant les assiégés ne songeaient point à se rendre ; ne sachant pas mourir, ils préféraient de manger leurs enfans & leurs femmes : à la fin, les Romains escaladèrent leurs remparts, & tout ce qui avait échappé à la famine, perdit la vie dans les plus affreux supplices.

Le féroce vainqueur passa delà à Enna, &, grace à une intelligence, s'en rendit maître ; la Ville n'en essuya pas moins toutes les horreurs, que les loix de la guerre tolèrent dans les places prises d'asfaut : on croit que le sac d'Enna & celui de Tauroménium, coûtèrent la vie à vingt mille Esclaves.

Le Roi de théatre Ennus se sauva après ce dernier désastre, sur des rochers inaccessibles, avec six cents hommes qui composaient sa garde : Rupilius enveloppa cette cohorte, & en réduisit les soldats à s'entretuer ; pour Ennus, qui avait goûté du pouvoir souverain, plus attaché à la vie par ses jouissances, il se cacha dans une caverne profonde d'où on le tira, n'ayant plus avec lui que quatre compagnons de sa fortune : c'étaient son Boulanger, son Cuisinier, son Baigneur & le Fol qui le faisait rire. On le jetta dans un cachot, où il périt comme Sylla, de la maladie pédiculaire.

La seconde guerre des Esclaves concourt avec l'invasion des Cimbres, & dura quatre ans ; elle eut encore la Sicile pour foyer. Licinius, Préteur de cette Province, s'étant laissé corrompre par les plus riches insulaires, pour appesantir le joug des Esclaves, ceux-ci s'assemblèrent au nombre de deux mille, & défirent un corps de six cents hommes de troupes réglées qu'on avait envoyé pour les dissiper. Ce triomphe propagea dans l'isle entière le feu de la révolte; alors les vainqueurs firent un Roi, & leur choix tomba sur un d'entr'eux, qui se nommait Salvius; & qui, comme le Roi mort dans un cachot, de la maladie pédiculaire, se mêlait d'Astrologie.

Salvius attendit qu'il eût mérité par ses exploits la pourpre royale qu'on lui offrait, pour s'en revêtir. Il leva en peu de temps une armée de vingt mille hommes de pied, & de deux mille chevaux, la forma à tous les exercices militaires, & vint faire le siège de Murgantia. Le Préteur sortit alors de sa léthargie: il marcha avec plusieurs légions, pour faire lever le siège de la place; mais le Roi Esclave mit son armée en déroute, lui tua six cents hommes, & fit quatre mille prisonniers. Salvius, de ce moment, se crut digne du diadême ; il le ceignit avec pompe en présence de ses troupes, se donna des gardes, se créa un Conseil & prit le nom de Tryphon, porté autrefois par un usurpateur de la couronne des Seleucides.

Lucullus fut envoyé de Rome avec seize mille soldats, pour réparer l'ignominie du Préteur. Il remporta en effet une grande victoire où vingt mille Esclaves restèrent sur la place ; mais il ne poursuivit pas ses avantages : il aima mieux s'enrichir dans sa Province, que la pacifier. Aussi, à son retour à Rome, il fut flétri comme concussionnaire. Ce Lucullus est le père du fameux vainqueur de Mithridate.

La campagne suivante fut fatale aux Romains : Salvius les battit & s'empara de leur camp ; mais il survécut peu à sa victoire ; le chef de son Conseil lui succéda ; il se nommait Athénion, & se fit tuer quelque temps après, de la main du Consul Aquilius, sur un champ de bataille.

Cet Aquilius, qu'on voit dans les annales Romaines le Collègue de Marius dans ſon cinquième Conſulat, pacifia la Sicile, & termina cette ſeconde guerre des Eſclaves. Tous les ſujets de Salvius & d'Athénion périrent par le fer ou par la faim, à l'exception d'une cohorte de mille hommes, qui ſe rendit priſonnière de guerre. Le Conſul les envoya à Rome, & abuſant de ſa victoire, il voulut les donner en ſpectacle au peuple, en les faiſant combattre contre des lions; mais ces hommes généreux, qui avaient vaincu des Romains, ne voulurent pas ſe meſurer contre des bêtes, & tournant les uns contre les autres, les armes qu'on leur avait confiées pour le combat, ils s'entretuèrent.

S'il faut en croire Athenée, les deux guerres dont la Sicile fut le théatre, firent couler le ſang d'un million d'Eſclaves.

Ce ſang qui, malgré l'orgueil Romain, ſera toujoursregardé comme très-précieux par le Philosophe, fut vengé quelques années après, par un homme de génie, qui, dans un corps d'Esclave, logeait l'ame d'un Thésée, ou d'un Scipion, par le fameux Spartacus.

Spartacus, Thrace d'origine, avait servi dans sa jeunesse parmi les troupes auxiliaires des Romains; il fut fait prisonnier dans un combat, & vendu à un Campanien, qui le destina au métier de Gladiateur. Pendant qu'on le dressait dans Capoue, ainsi que deux cents Esclaves compagnons de son infortune, il s'échappa de l'arène avec soixante & dix-huit d'entr'eux, leur distribua des broches & des couteaux de cuisine, & leur proposa de faire servir des armes aussi méprisables, pour faire trembler, dans ses foyers, la Capitale du monde.

Le hasard voulut qu'en sortant de la Ville, Spartacus rencontrât un chariot qui portaient des armes de gladiateurs; il s'en saisit, & grace à ces nouvelles armes, plus avantageuses cependant dans une arène, que sur un champ de bataille; il défit des troupes réglées, que le Gouverneur de Capoue avait fait marcher contre lui. Cette victoire, en lui donnant occasion de dépouiller les morts, permit à sa troupe de renoncer à des armes qu'elle regardait comme déshonorantes, & dès ce moment, les Gladiateurs de Spartacus devinrent des soldats.

Claudius Pulcher fut envoyé de Rome avec trois mille soldats pour réduire Spartacus : il le trouva posté sur le sommet du Vésuve, volcan alors sans action, & dont on était loin de soupçonner les éruptions fatales. Ce Général plaça son camp au pied de la montagne, gardant la seule route par où les Esclaves pouvaient s'échapper; le reste n'offrait qu'un enchaînement de rochers taillés à pic, & de précipices. Mais Spartacus voyait des ressources où la prudence vulgaire n'aurait vu que des dangers : ayant apperçu sur la croupe du Vésuve des ceps de vignes sauvages, il en fit faire des échelles qui servirent à ses braves compagnons à descendre le long des rochers: quand toute la troupe fut dans la plaine, le Héros vint avec elle attaquer les Romains, qui ne gardaient, avec soin, que le poste du pied de la montagne, les défit, & s'empara de leur camp; cet exploit fit accourir des contrées circonvoisines jusqu'à dix mille Esclaves, qui vinrent se ranger sous ses drapeaux.

Rome commença à dédaigner moins Spartacus: elle fit partir quelques légions sous les ordres d'un Préteur nommé Varinius; le Héros esclave, après de nouveaux triomphes, se laissa surprendre dans un défilé: déjà le Préteur dévorait sa proie d'avance, mais elle lui échappa par un stratagême. Spartacus fit attacher à des pieux dressés devant la porte de son camp, des corps morts habillés de toutes pièces, qu'on pût prendre de loin pour des gardes avancées & des sentinelles, & laissant des feux allumés le long des tentes, il fit défiler, à la faveur de la nuit, son armée par les derrières. Sorti de ce danger, il reprit toute sa supériorité, battit Varinius en plusieurs rencontres, & s'empara de ses faisceaux, qu'il fit de ce moment porter devant lui; il eut le bon esprit, commandant à ses égaux, de préférer le modeste appareil des dignités Républicaines à l'orgueil du diadême.

Déjà Spartacus avait soixante & dix mille hommes sous ses ordres, lorsque la moitié de son armée le quitta pour se ranger sous les drapeaux de Crixus, un autre Esclave, Gaulois d'origine: le Consul Gellius profita de cette division, attaqua les troupes de Crixus aux environs du Mont Gargan, & lui tua vingt mille hommes. Spartacus effrayé de ce désastre, dirigea sa marche vers la chaîne des Alpes pour sortir de l'Italie; mais Lucullus, l'autre Consul, se hâta de lui fermer les passages. Le Héros enveloppé par deux armées Consulaires, redouble de génie & d'audace; il va les battre l'une après l'autre avant leur jonction, & voyant que la double victoire avait augmenté le nombre de ses soldats jusqu'à cent vingt mille : il marche vers Rome, promettant à ses braves compagnons le pillage de la Métropole du Monde & l'incendie du Capitole.

Avant que de quitter le champ de bataille, Spartacus insulta aux Maîtres du Monde : c'était l'usage dans Rome de donner aux funérailles des Citoyens illustres des combats de Gladiateurs. L'Annibal des Esclaves, quoiqu'il eût à se plaindre de la désertion de Crixus, fit rendre le même honneur à ses mânes : trois cents d'entre les prisonniers faits dans les deux derniers combats, furent donc forcés de combattre autour d'un bûcher ; & ces Romains, bien moins généreux que les Esclaves Siciliens qui s'étaient rendus à Aquilius, dans l'espérance de se survivre à eux-mêmes, n'osèrent s'entretuer.

Rome, originairement habitée par des bandits, allait devenir le patrimoine d'un Esclave, lorsque Crassus vint, à force de talent & de bravoure, la sauver de cet opprobre. Il commença par rétablir la discipline dans les légions dont il prenait le commandement, & une cohorte de cinq cents hommes s'étant laissé mettre en déroute presque sans combattre, il la fit décimer. Le spectacle de ces cinquante soldats exécutés avec ignominie, à la tête du camp, fit plus de vrais Romains, que le desir de venger vingt mille Concitoyens tués sur un champ de bataille. Le Général profita de cette ardeur pour mener ses troupes contre l'ennemi qu'il vainquit deux fois, mais d'une manière peu décisive. Spartacus qui voulait soulever la Sicile, s'approcha alors des côtes maritimes de l'Italie; Crassus le suivit, & l'enferma dans la péninsule du Brutium, qui n'est jointe à la terre ferme que par un isthme de douze lieues. Cet habile Capitaine, pour empêcher sa proie d'échapper, tira des lignes d'une mer à l'autre, dans toute l'étendue de cet isthme. L'ouvrage consistait dans un fossé qui avait quinze pieds dans toutes ſes dimenſions & dans une bonne muraille qui en défendait l'approche : mais Spartacus preſſé par la famine, profita d'une nuit d'orage, combla une grande étendue du foſſé avec des faſcines, eſcalada le rempart, & ſortit de la péninſule avec toute ſon armée.

Craſſus ne ſe découragea point ; ſachant que le même corps d'Eſclaves qui avait combattu ſous les ordres de Crixus, avait engagé tous les Gaulois de l'armée de Spartacus à faire un camp à part, il marcha contre lui, & lui paſſa au fil de l'épée douze mille trois cents hommes. L'Hiſtoire obſerve que ces Eſclaves ſe battirent avec la valeur des Romains ſous Camille, ou des Spartiates ſous Léonidas; ſur cette effroyable quantité de cadavres qui couvrit le champ de bataille, il ne s'en trouva que deux qui fuſſent bleſſés par derrière. Le vainqueur recouvra dans cette journée brillante cinq faiſceaux Conſulaires avec leurs haches, cinq aigles Romaines & vingt-ſix drapeaux.

Spartacus, après ce désastre qu'il n'avait pu prévenir, & qu'il lui était difficile de réparer, crut devoir s'éloigner du vainqueur; & prit la route de l'Apulie; mais sur la nouvelle qu'il reçut que Lucullus, arrivé de Macédoine, entrait dans le port de Brindes, appréhendant d'être enveloppé entre deux armées ennemies, il vint lui-même présenter la bataille à Crassus. Celui-ci l'accepta, parce que Pompée venait le remplacer, & qu'ayant subi tous les périls de cette guerre, il voulait seul avoir la gloire de la terminer.

Spartacus, avant de donner le signal de la mêlée, tua son cheval à la tête de ses lignes : *Si je triomphe*, dit-il, *tous les chevaux des deux camps sont à moi : si je suis vaincu, c'est ici que je veux mourir.* Il tint parole; à peine la trompette avait-elle annoncé le combat, que le Héros appercevant le Général Romain, perça plusieurs bataillons pour arriver jusqu'à lui : il tua de sa main deux Centurions; mais avant d'atteindre le superbe ennemi avec lequel il voulait se mesurer, il tomba, percé de coups. Toutes les ressources de son armée étaient dans son génie; aussi quand il ne fut plus, les Esclaves se débandèrent; l'ordre avait été donné aux Romains de ne faire quartier à personne, & cette journée coûta aux vaincus quarante mille hommes.

Crassus ne laissa pas sa victoire imparfaite; il poursuivit avec activité les débris de l'armée de Spartacus, & en purgea entièrement l'Italie; six mille d'entr'eux étant tombé vivans entre ses mains, il eut la férocité de les faire crucifier tous, & d'exposer les instrumens de leur supplice tout le long de la voie Romaine, qui menait de Rome à Capoue.

Il n'avait fallu que six mois à Crassus pour terminer une guerre où ses prédécesseurs avaient échoué, & qui avait causé autant d'allarmes à Rome, qu'une descente de Pyrhus, ou une invasion d'Annibal.

Cette année, qui fut la six cent quatre-vingt-deuxième de l'ère du Capitole, est mémorable pour le bonheur des armes Romaines; car en même temps que Crassus triomphait des Esclaves, un Lucullus, frère du Héros, triomphait des Thraces (a), & Pompée de l'Espagne.

(a) Nous n'avons aucuns Mémoires sur cette expédition de Lucullus chez les Thraces : Florus seulement nous apprend que ce Général s'avança en vainqueur jusqu'aux Tanays & aux Palus-Méotides; il soumit aussi toute la côte du Pont-Euxin, depuis l'embouchure du Danube jusqu'au Bosphore. C'est dans Apollonie, Ville située sur cette côte, qu'il enleva un Colosse d'Apollon de trente coudées de haut, qu'il plaça dans le Capitole.

COMMENCEMENS DU GRAND POMPÉE (a).

Si Pompée, fils d'un père, l'horreur de sa nation, en devint l'idole, il faut l'attribuer en grande partie aux graces de son adolescence, qui plaidèrent sa cause aux yeux de la multitude : la nature lui avait donné une physionomie douce, que des yeux pleins de feu ne contribuaient pas peu à faire ressortir : ce qui redoublait encore l'enthousiasme général, c'est qu'on lui trouvait la plus grande ressemblance avec le vainqueur de Darius, dont l'esclavage de la Grèce avait fait transporter à Rome les plus belles statues : aussi un jour que Philippe, homme Consulaire, & qui devint dans la suite le beau-père

(a) *Plutarch.* in Pompei. & Brut. *Sallust.* Histor. passim. *Flor.* lib. 3. *Appian.* in bell. civ. lib. 1.

d'Auguste, plaidait pour Pompée avec cette éloquence impétueuse qui annonce l'intérêt le plus vif, voulant se justifier de cette espèce d'idolâtrie : *Ne vous étonnés pas*, dit-il en riant, *si*, *étant Philippe*, *j'ai tant d'amitié pour Alexandre.*

A ces graces naturelles, Pompée joignait une certaine austérité de mœurs, une éloquence douce & persuasive, une grande attention, sinon à être homme de bien, du moins à sauver les dehors de la probité : Général consommé à la tête des armées, bon Citoyen dans sa Patrie, ses amis ne le trouvaient point ingrat, ni ses ennemis implacable : il eut de l'ambition sans doute ; car quel est le Républicain heureusement né qui n'en a pas ? mais cette ambition ne se repaissait point de sang comme celle des Sylla & des Marius, & s'il avait pu souffrir un rival dans la carrière de la gloire, il aurait ramené les beaux jours de la République.

Il était difficile que Pompée, le plus aimable des Romains, ne pouvant, à cause de sa grande jeunesse, en être le Thémistocle, ne fut tenté d'en être l'Alcibiade; cependant il sut de bonne heure mettre une barrière à la fougue de ses sens : on ne lui connaît d'autre faiblesse que celle qu'il eut, étant encore célibataire, pour la courtisane Flora, la beauté la plus accomplie de son siècle; encore se laissait-il aimer plus qu'il n'aimait; & tandis que son amante, hors d'elle-même, le fatiguait de ses caresses (*a*), il n'y répondait que par les faibles élans de la reconnaissance. Géminius, un de ses intimes amis, mourant d'amour pour cette Courtisane, il la lui céda, & dès ce moment il cessa de la voir, ce qui remplit d'amertume la vie de l'infortunée, & fut sur le point de la conduire au tombeau. Cette Flora était vraiment, par sa taille, par ses formes heureuses & par ses graces, le chef-d'œuvre de la nature : aussi c'est elle que

(*a*) *Cum Pompeium Flora amplecteretur, eum delirans morsibus appetebat,* le Pontife Métellus fit sculpter, quand il voulut placer dans le Temple de Castor la statue de la Déesse de la Beauté.

Pompée eut le malheur de faire ses premières armes dans la guerre civile ; il servait dans l'armée Consulaire, commandée par son père, lors du siège de Rome par Cinna & Marius, & il fut le seul de son parti qui se couvrit de gloire. Comme le Général de la République était détesté, il se forma un complot dans son camp pour livrer l'armée à l'ennemi : les Chefs des Conjurés devaient mettre le feu à la tente du père de Pompée, & poignarder le Héros lui-même pendant son sommeil. Pompée fut averti de cette horrible trame en se mettant à table, & le hasard le plaça auprès d'un certain Térentius, son compagnon de tente, qui s'était chargé de l'assassiner. Cependant il fut assez maître de lui-même pour se livrer à sa gaité ordinaire au milieu de ses convives, qui cherchaient à étudier son ame sur son visage. Le souper fini, il se dérobe de sa tente sans que Térentius s'en apperçoive, & va doubler la garde autour de celle de son père. Au milieu de la nuit, l'assassin de Pompée se lève, cherche à tâtons le lit où il croit que repose sa victime, & donne plusieurs coups d'épée dans les matelats: en même temps les autres Conjurés se partagent; les uns courent avec des torches pour embrâser la tente du Général, & les autres soulèvent l'armée: comme la garde était doublée autour de la tente qu'on voulait mettre en feu, cette partie du complot échoua; mais l'armée faisait ses préparatifs pour passer sous les drapeaux de Marius. Pompée parcourt alors tout le camp, employant son éloquence insinuante à calmer les esprits, faisant retentir aux oreilles des bons Citoyens, tantôt le nom de père, tantôt celui de Patrie; & quand il vit que, malgré ses prières & ses larmes, la révolte allait se consommer, il se coucha par terre, le long de la principale porte des retranchemens, décarant aux soldats que pour sortir, il fallait qu'ils foulassent aux pieds le fils de leur Général. Ce spectacle attendrit l'armée, & à l'exception de huit cents des plus mutins, qui persistèrent à vouloir être transfuges, le reste servit fidèlement pour la cause de la République.

Nous avons eu occasion, dans l'Histoire des guerres civiles entre Sylla & Marius, de tracer le tableau de quelques autres exploits de Pompée. Nous n'avons pas dissimulé aussi qu'il ternit singulièrement sa renommée naissante, en fervant avec zèle le farouche Dictateur, dont il était le Lieutenant, dans l'affaire des proscriptions. Le grand malheur de Pompée, est d'être né au temps de la décadence de sa République, de n'avoir pas eu assez d'énergie dans l'ame pour s'élever au-dessus de son siècle, & d'avoir eu une idée assez fausse de la gloire, pour s'imaginer que le martyr du patriotisme était au-dessous du Héros des guerres civiles & des proscriptions.

On trouve le nom de Pompée dans l'Histoire de la guerre de Spartacus; mais c'est pour y jouer un rôle bien petit & qu'on était loin d'attendre de l'Emule de Jules-César. Le lendemain de la défaite de ce fameux Chef des Esclaves, Pompée qui venait remplacer Crassus dans le commandement des légions, rencontra un petit corps de l'armée fugitive, au nombre de cinq mille hommes, qui cherchait un asyle, & le tailla en pièces : enyvré de ce léger avantage, il eut la petite vanité d'écrire au Sénat : *Que si Crassus avait mis en fuite quelques rebelles, pour lui, il avait coupé jusqu'aux racines de la rébellion.*

Quand Sylla eut abdiqué la Dictature, Pompée, toujours simple Chevalier Romain, malgré ses triomphes & ses victoires, eut le crédit de faire nommer Lépidus, qui lui faisait une cour servile, au Consulat; Sylla lui prédit qu'il serait un ingrat, parce qu'il n'y a jamais de reconnaissance sans probité, & l'évènement justifia son oracle : ce Lépidus était un homme sans mœurs & sans génie qui, parce qu'il vivait au siècle des Sylla & des Marius, croyait que sa férocité était un titre pour leur succéder. A peine élevé à la suprême Magistrature, il se fit un parti dans la populace de Rome par ses largesses, il souleva l'Etrurie, & s'offrit pour Chef aux débris de la faction de Marius. Pompée n'avait pas attendu ce moment pour abandonner un protégé qui le déshonorait : la guerre civile ayant éclaté, il accepta le commandement d'une armée Consulaire contre le factieux, lui livra bataille, sous les murs de Rome, près du Pont Milvius, (aujourd'hui Ponte-Mole) & après lui avoir fait essuyer une défaite sanglante, il l'obligea à se sauver en Etrurie. Le vaincu, le lendemain de sa déroute, fut déclaré, par un arrêt du Sénat, ennemi de la République.

Lépidus ne se croyant pas en sûreté en Etrurie, tenta de rallumer le feu de la guerre dans la Gaule Cisalpine ; son vainqueur l'y suivit, le défit de nouveau, &

le força de chercher un asyle dans la Sardaigne ; c'est-là que ce factieux mourut de chagrin, non d'avoir porté les armes contre sa Patrie, mais de ce qu'Apuleia, sa femme, lui était infidèle : Perpenna rassembla les débris de son armée, & passa avec eux en Espagne, au service de Sertorius.

Pompée acheva de pacifier l'Italie, en s'emparant de Modène, où commandait Brutus, le père du fameux assassin de Jules-César ; on regrette seulement qu'après avoir reçu la capitulation de ce Lieutenant de Lépidus, il ait eu l'indignité de le faire égorger par Géminius son Favori ; ce meurtre est une tache horrible dans la vie de notre Héros ; heureusement pour sa mémoire, nous l'allons voir se relever avec le plus grand éclat dans sa brillante expédition contre Sertorius.

Fin du Tome IX.

TABLE DES CHAPITRES DU TOME NEUVIÈME DE L'HISTOIRE DE L'ANCIENNE ROME.

Fin de la Table des Chapitres.

www.ingramcontent.com/pod-product-compliance
Ingram Content Group UK Ltd.
Pitfield, Milton Keynes, MK11 3LW, UK
UKHW020104200726
13856UKWH00002B/376

9 782013 621533